Ishwara Gita

Ishwara Gita

Le chant du Seigneur Shiva

Traduit par Hervé Cornerotte

Texte intégral

ISBN : 978-2-3222-0073-3
Dépôt légal : Juin 2022

Table des matières

Avant-propos

L'Ishwara Gita est un poème philosophique composé aux alentours du huitième siècle. Il est un extrait d'un plus gros texte qui s'appelle le Kurma-Purana ou Purana de la Tortue. Le Kurma-Purana est composé de deux parties : le Purva-vibhaga qui comprend cinquante-trois chapitres, et l'Uttara-vibhaga qui en comprend quarante-cinq. Les onze premiers chapitres de l'Uttara-vibhaga constituent l'Ishwara Gita.

Dans le Kurma Purana l'auteur y chante les louanges de Vishnou, mais c'est Shiva qu'il considère comme le Dieu suprême. Vishnou et Brahmâ doivent être adorés, mais ils ne sont que des formes du Dieu unique Shiva.

Les plus anciens textes hindous que l'on connait sont les Védas. Ils ont été composés en sanskrit aux environs de 1500, 1505 av. J.-C. Ces textes auraient été reçus par des voyants et maintenus intacts jusqu'à nos jours grâce à la transmission orale. Les érudits font la distinction entre les Védas (textes dits « révélés ») et les textes qui ont été composés par des auteurs humains (textes dits « traditionnels »). La Bhagavad Gita ainsi que l'Ishwara Gita font partie de cette seconde catégorie et sont donc considérés comme des textes traditionnels. On attribue ces deux chants au sage Vyasa.

L'Ishwara Gita se situe au-delà d'une simple démonstration philosophique car il décrit aussi des pratiques spirituelles pour atteindre la libération complète de l'illusion de ce monde au travers d'exemples concrets. Ces exercices forment le Pasupata Yoga (Chap. 11 Ver. 67). Shiva est considéré comme le maître des bêtes (Pasupati, le berger). C'est pourquoi ce yoga a pris ce nom. Le but suprême de ce yoga est d'atteindre l'âme de l'univers (Brahman) par la pratique et non par l'intellect. Cette âme est similaire au Seigneur Shiva ainsi qu'à sa sagesse.

À plusieurs endroit l'auteur de l'Ishwara Gita s'est inspiré de la Bhagavad Gita qui est plus ancienne et qui est un poème célèbre où il est décrit une discussion entre le Dieu Krishna et le héros Arjuna. Il en a même emprunté telles quelles plusieurs versets. On peut aussi faire le parallèle avec certaines idées du Yoga Sutra de Patanjali et il y a plusieurs références à des Upanishads (textes dits révélés) bien connus, tout particulièrement le Svetasvatara et de le Kathaka.

Donc l'Ishawara a sans aucun doute repris des parties d'autres textes. Mais il est loin d'être un simple amas de verset repris d'autres textes. Il va aussi apporter son lot d'enseignements pour approfondir les notions de ces emprunts.

Par exemple ce texte va donner énormément plus de détails dans la pratique du yoga que ce que l'on peut retrouver dans la Bhagavad Gita. Il en va de même quant à l'explication de ce qu'est l'illusion du monde (maya). Dans la Bhagavad Gita ce sujet est effleuré tandis qu'ici on le trouve beaucoup plus présent. La majeure partie du onzième chapitre de l'Ishwara Gita est d'ailleurs un exposé des pratiques du yoga, c'est-à-dire de la méthode qu'il faut suivre pour arriver à des états profonds de l'Être. Il y a notamment des explications sur la posture, la manière de respirer et ses effets, les mantras à utiliser. Il répond aux questions sur la concentration, les visualisations et sur la méditation à utiliser pour atteindre la libération.

A l'heure actuelle, je n'ai pas trouvé de traduction en français qui soit accessible à tous, mon vœu a donc été que ce texte soit plus connu par les lecteurs francophones.

J'ai essayé d'être le plus compréhensible possible pour un lecteur occidental moderne. Il est à noter que le nom des chapitres est un ajout par rapport à la version originale. Ainsi d'ailleurs que l'appendice. Ils permettront aux lecteurs de pouvoir s'y retrouver plus facilement.

J'ai essayé de coller le plus possible au texte original tout en utilisant un langage moderne sans en changer le sens. Ce qui n'a pas toujours été simple car certains mots sanscrits ont parfois une définition qui leur est propre et dont il est difficile de trouver un équivalent en français. Il m'est donc arrivé de laisser les termes sanskrits entre parenthèses. Cela permettra aussi au lecteur de se familiariser avec eux car ils sont utilisés dans bon nombre de livres de pratique de yoga et de philosophie hindoue.

La difficulté a été de rester le plus clair et précis pour le lecteur. J'espère que mon expérience dans la méditation m'a guidé pour essayer de garder intacte la signification profonde de ce texte profond.
Puisse cette traduction avoir été guidée par les mains de Shiva.

Précisions

Shiva, c'est le maître des yogis montrant la voie ascétique de libération du cycle des renaissances infinies. Shiva, c'est le bienfaiteur qui sauve la terre des eaux tumultueuses du Gange, lors de sa descente de l'Himalaya. Shiva, c'est le dieu de la danse cosmique, qui par son rythme, détruit et construit alternativement le monde. Shiva, est donc aussi le destructeur. Shiva, c'est le Dieu de la vie, symbolisé par le linga (objet souvent d'apparence phallique, représentation de Shiva en tant que Brahman). Et, par-delà toutes ces représentations, Shiva, c'est l'Être Suprême, qui fait l'unité de toutes choses. C'est lui qui enseigne le yoga suprême dans ce texte. Si vous n'êtes pas religieux ou si vous ne croyez pas en Dieu, vous pouvez alors le voir simplement comme le maître de tous les yogis. Le yogi étant celui qui veut s'unir à son Être profond, à l'univers. Le Seigneur suprême sera alors synonyme de Brahman, l'âme de l'univers. Le mot Dieu et maître sont alors à prendre comme des signes de respect. Et c'est donc l'âme de l'univers qui s'exprime lorsque Shiva s'exprime.

Vishnou, c'est l'âme du monde, celui qui rêve l'univers, dans son paisible sommeil sur le serpent d'éternité qui flotte sur les eaux primordiales. C'est celui qui se réincarne chaque fois que le monde en détresse a besoin de son intervention. Il apparaît alors sous différentes formes : le nain, qui, en trois pas, prend possession du monde. Le bélier, qui sauve la terre de l'immersion où l'avait entraîné un démon. Parmi ses incarnations, l'une d'elles a une importance capitale, c'est celle où il apparut sous la forme de Krishna. La vie légendaire de Krishna inspire des danses, des récits, des bandes dessinées pour les enfants. Krishna est celui qui transmet le savoir dans la Bhagavad Gita.

Chapitre 1

La discussion entre les sages et Vyasa

Les Rishis (les sages anciens) dirent à Suta :

1. Tu nous as exposé clairement la création du premier homme de cette époque, descendant de l'Être qui existe par lui-même (épithète du Dieu créateur). Maître, tu nous as aussi parlé de l'extension de l'univers ainsi que des différents âges du monde[1].

2. Dans ces âges du monde tu nous as décrit le Seigneur des Seigneurs (Shiva) que doivent adorer sans cesse les humains qui sont vertueux, qui pratiquent leurs devoirs[2] et qui se consacrent au yoga de la connaissance.

3. Avec tout ceci tu nous as parlé de la vérité suprême et exclusive de Brahman[3] qui détruit complètement les douleurs du cycle des renaissances et anéanti les misères du monde. Par elle, nous verrons ou sentirons le principe éternel.

---

[1] Note du traducteur : cette strophe fait référence à la partie précédente du Kurma Purana
[2] Note du traducteur : les devoirs familiaux, spirituels et de la société
[3]Brahman : le soi suprême, la réalité absolue

4. Seigneur Suta, toi qui as reçu la connaissance de toutes les sciences par Vyasa (saint mythique auteur de la Mahabharata[4] et des puranas[5]) et qui est Vishnou en personne, nous te demandons à nouveau de nous exposer ta science.

5. Lorsque Suta, le barde des puranas entendit ces paroles, il fit appel en pensée au seigneur Vyasa et s'apprêta à parler de Brahman.

6. Mais au même moment, Vyasa Krisnna Dvaipayana en personne fit son apparition à l'endroit où les excellents Rishis étaient réunis pour exécuter des rituels.

7. Quand ils virent le grand Vyasa, celui qui connait les Védas et qui est semblable à un nuage sombre et a les yeux en forme de Lotus, les sages s'inclinèrent.

8. Le voyant Suta aussi se jeta à terre, droit comme un bâton. Il tourna ensuite autour de son maître (circumambulation[6]). Il joignit ensuite ses mains pour se placer à ses côtés.

[4]Mahabarata : récit épique de la mythologie indienne
[5]Puranas : textes indiens encyclopédiques qui traitent à la fois des mythes religieux, des divinités hindoues, des légendes, des contes traditionnels et des histoires de rois
[6] Circumambulation : pratique qui consiste à tourner autour d'un emplacement, d'un monument, d'un objet ou d'une personne pour lui montrer son respect et recevoir sa bénédiction

9. Vyasa s'enquit d'abord de la santé de chacun. Saunaka, un des sages présents, lui répondit et lui proposa un siège qui convenait à sa stature.

10. Alors le seigneur Vyasa, fils de Parasara, leur demanda : Est-ce que vous rencontrez des difficultés dans vos austérités, dans vos études des Védas[7] ou dans votre connaissance de Brahman ?

11. Alors Suta (le barde Lomaharsana) s'inclina et dit au grand maître Vyasa : « s'il-vous-plaît, pourriez-vous enseigner ces Rishis de la connaissance de Brahman ? »

12. En effet, ces sages sont des ascètes qui s'appliquent à pratiquer la vertu et qui connaissent le calme. Un grand désir d'entendre un enseignement sur Brahman est né en eux. En conséquence, puissiez-vous leur enseigner Brahman.

13. Cette connaissance divine qui amène à la libération. Celle qui m'a été transmise par toi en personne et qui a été donnée autrefois aux sages par Vishnou, apparu sous la forme d'une Tortue.

---

[7] Védas : un ensemble de textes qui, selon la tradition, ont été révélés aux Rishis. Ces textes traitent du rituel et de philosophie.

14. Après avoir entendu la demande de Suta, Vyasa, fils de Satyavati, inclina la tête pour rendre hommage à Rudra (Shiva) et prononça ces douces paroles, source de joie.

Vyasa dit:

15. Je vais donc vous parler de ce que le dieu Mahadeva[8] (Shiva) en personne a dit, il y a très très longtemps, aux maîtres des yogis[9] à la tête desquels se trouvait Sanatkumara.

16. Les sages Sanatkumara, Sanaka et Sanandana, Angiras, accompagnés de Rudra, Bhrugu, le grand savant,

17. Kanada, Kapila le yogi, le grand sage Vamadeva, Sukra, le bienheureux Vasista, tous étaient des ascètes qui maîtrisaient leur esprit.

18. Mais malheureusement, le doute avait pénétré dans leur esprit. Ils se livraient donc à des austérités très dures, dans le lieu saint de Badarika[10].

19. Ils virent alors apparaitre Narayana, celui dont le yoga est grand ainsi que le sage Nara qui était totalement pur et sans commencement ni fin.

---

[8] Mahadeva : en sanskrit, Le Grand Dieu
[9] Yogis : pratiquant qui cherchent à atteindre le salut par la discipline du yoga
[10] Bradarika : aujourd'hui Badrinath, dans les Himalayas

(Narayana et Nara sont des jumeaux, incarnation de Vishnou, fils du Dharma[11]).

20. Les sages (Sanatkumara et les autres), avec une grande dévotion, célébrèrent alors le grand yogi (Narayana) avec des chants tirés des Védas. Ils s'inclinèrent ensuite devant Celui qui a la meilleure connaissance du yoga (Vishnou).

21. Le seigneur omniscient, ayant compris leur désir, leur dit d'une voix majestueuse : Pourquoi vous livrez-vous à toutes ces austérités ?

22. Très heureux, les yogis répondirent à Narayana (Vishnou), celui qui est l'âme de l'univers et qui est très ancien, que sa présence était signe que leurs pratiques portaient leurs fruits.

23. Nous qui sommes en quête de Brahman, nous avons sombré dans le doute. Nous sommes venus à toi, grande âme, pour y prendre refuge.

24. Toi, qui connais la vérité suprême. Toi seigneur omniscient Narayana, Toi qui es l'âme ancienne et subtile de l'univers.

25. Oh, Seigneur suprême il n'y a personne d'autre que Toi qui sache la vérité. Nous avons le cœur rempli

[11] Dharma : le droit, la loi, la justice, l'ordre universel cosmique

d'espoir d'entendre la vérité. S'il-te-plaît, esprit suprême, clarifie nos doutes pour que nous ayons une confiance inébranlable.

26. Quelle est la cause de tout cet univers ? Qui renaît sans arrêt et qui est tout le temps en mouvement ? Qu'est-ce que l'Atman ou l'âme ? Qu'est-ce que la libération ? Quelle est le but de cet univers ?

27. Qui est l'opérateur de ce monde ? Qui est celui qui voit tout l'univers ? Qu'est-ce que le Brahman suprême qui est au-delà de tout ? S'il-te-plaît, explique-nous tout ceci.

28. Lorsqu'ils eurent fini de parler ainsi, les yogis virent Narayana, l'Esprit suprême, abandonner son apparence d'ascète. Il se tenait alors debout dans sa nature resplendissante.

29. Entouré de lumière immaculée et établi dans sa puissance, son cœur brillait comme de l'or fondu.

30. Accompagné par la déesse Lakshmi, il tenait dans ses mains une conque, un disque, une massue et un arc. On ne pouvait plus voir Nara (le sage, le frère jumeau) tellement il était lumineux et splendide.

31. À cet instant, Mahadeva [12] (Shiva) fit son apparition, lui dont le sommet de la tête est orné d'une lune croissante. Il était là avec les meilleures des intentions.

32. Quand les sages yogis virent Shiva, le maitre de ce monde, le Dieu aux trois yeux qui a la lune comme parure, ils commencèrent à chanter des louanges au seigneur avec beaucoup de dévotion.

33. Victoire au Seigneur Mahadeva. Gloire à Toi Shiva, seigneur des êtres ! Gloire à Toi, maître de tous les sages, victoire à Toi que l'on honore grâce à l'ascétisme.

34. Victoire à Toi qui as mille formes, Toi qui es l'âme de l'univers, victoire à Toi, qui met le monde en mouvement ! Victoire à Toi qui est illimité et qui est la cause de la création, de la destruction et de la préservation du monde.

35. Celui qui a mille pieds, oh Seigneur, oh Sambu (nom de Shiva) toi que vénèrent les yogis ! Gloire à Toi, divin époux de Parvati[13] ! Nous nous inclinons devant Toi.

[12] Mahadeva : du sanskri, le seigneur suprême (donc Shiva)
[13] Parvati : épouse de Shiva, principe féminin suprême, qui le conquit grâce à son ascèse

36. Après avoir été prié de la sorte, le Seigneur aux trois yeux fut touché de la dévotion des yogis. Il embrassa alors Narayana (Vishnou) et lui dit d'une voix majestueuse :

37. Pourquoi, oh Dieu aux yeux de lotus, rois des yogis, versés dans la science de Brahman, tous ses sages sont réunis en ce lieu ? Que puis-je faire pour eux ?

38. Entendant ces paroles, Narayana dit à Shiva qui était disposé à les aider :

39. Seigneur, ces sages sont des ascètes qui ont dépassé leurs impuretés. Ils ont un grand désir de recevoir le savoir véritable.

40. Puisses-tu, Toi, le bienheureux, être disposé à accorder à ces nobles sages ton savoir divin, ici et en ma présence.

41. En effet, seul Toi tu connais ton propre soi véritable (ta véritable essence, l'Atman). Il n'y a personne autre que Toi qui te connaisse, oh Shiva ! Parle, révèle le Soi véritable à ces rois des yogis grâce à ton propre Soi[14].

---

[14] Note du traducteur : de Shiva à Shiva en eux

42. Après avoir parlé ainsi, Narayana fixa son regard sur Shiva (dont l'emblème est le taureau) dévoilant ainsi la perfection de son yoga. Il dit alors aux sages :

43. Oh sages, parce que vous avez vu le seigneur suprême, Shiva, celui qui porte le trident, sachez que vous avez atteint votre but (le but de votre ascèse).

44. Vous pouvez maintenant demander au Maître qui se tient devant vous, de vous enseigner la vérité en ma présence. Seul lui en est capable.

45. Entendant les paroles de Vishnou (Narayana), Sanatkumara et les sages s'inclinèrent devant Mahadeva (Shiva), le dieu dont l'emblème est le taureau et commencèrent à l'interroger.

46. À ce moment précis, un trône divin resplendissant, pure, inconcevable pour un humain et qui convient à un Dieu fit son apparition tout droit du ciel.

47. Le créateur de tous, le Dieu dont l'essence est le yoga, s'assit sur le trône avec Vishnou. Il remplit alors l'univers de la lumière qui émanait de son être.

48. Les sages experts des textes sacrés virent Shankara[15] (Shiva) le Dieu des Dieux briller dans toute sa splendeur sur ce trône parfait.

---

[15] Shankara : le destructeur de tous les doutes

49. Ils voyaient Shiva totalement calme, brillant comme rien de comparable et qui ne peut être vu que par ceux qui pratique un yoga constant en eux.

50. Ils voyaient le Maître de tous, assis sur son trône avec Vishnou. Celui par qui la création arrive et dans lequel l'univers disparaît.

51. Celui en qui l'univers existe et celui qui n'est pas différent de l'univers. Ils voyaient Shiva assis auprès de Narayana.

52. Après avoir été interrogé, le Seigneur suprême, regardant le Dieu aux yeux de lotus (Vishnou), expliqua aux sages son yoga inégalé qui a pour objet son propre Soi (lui-même).

53. Vyasa, le barde dit alors : « Oh sages, vous qui avez l'esprit en paix et qui êtes sans péché, apprenez à connaître la connaissance véritable transmise par le Seigneur.

Chapitre 2

Le yoga d'Ishwara

Le Seigneur Shiva dit :

1. Oh sages, cet enseignement éternel, la connaissance de Brahman, est secret et ne devrait pas être exprimé. C'est un savoir que même les dieux, en faisant des efforts, ne peuvent connaître.

2. C'est en utilisant cette science que ceux qui connaissent les Védas sont devenus un avec Brahman ou l'être suprême. Même dans les anciens temps, ceux qui parlaient du Brahman ont été libérés du cycle de la vie et de la mort après avoir reçu ce savoir.

3. Cette connaissance est la plus secrète parmi tous les secrets et vous devriez le garder avec toute votre âme. Je vais vous exposer aujourd'hui le même secret, à vous qui êtes remplis de dévotion et qui êtes versés dans les textes sacrés.

4. Le Soi, l'âme, l'Atman, est absolu, indépendant, pur, calme subtil, éternel. Il est présent en chacun et est la connaissance elle-même. Il est la pensée pure, la conscience elle-même au-delà de toute obscurité.

5. Il est en toute chose, Il est l'esprit, Il est Celui qui gouverne, Il est le prana[16] ; Il est le Dieu suprême, Il est le Temps, Il est le Feu, Il est le Non-manifesté.

---

[16] Prana : souffle vitale, énergie

Voici comment les Véda décrivent l'Atman, le soi, l'âme.

6. L'univers naît à partir de lui et en lui il disparaît. Il possède Maya[17] (la grande illusion de la dualité) qui fait que certains considèrent l'univers comme réel et distinct de la vérité suprême. Il est celui qui crée les différentes apparences ainsi que les différents corps.

7. Mais le Seigneur Atman ne renaît pas et n'est pas non plus la cause de renaissance pour les autres. Il n'est pas la terre, ni l'eau, ni le feu, ni l'air, ni le ciel.

8. Il n'est pas le Prana, ni l'esprit, ni le non-manifesté. Il n'est ni le son, ni le toucher, ni la forme, ni l'odeur. Cet Atman n'est pas le je, ni celui qui fait l'action, ni un mot, ni une parole.

9. Il n'est pas les mains, ni les pieds, ni l'anus, ni l'organe sexuel. Oh grands sages, Il n'est pas sujet de connaissance, ni sujet de l'action, ni celui qui sent ou qui prend et apprécie les choses. Il n'est pas l'ordre naturel des choses, ni la nature primordiale et l'esprit, ni la grande illusion. Il est pure conscience et pure intelligence.

---

[17] Maya : l'illusion de ce monde, ce monde d'illusion

10. Comme il ne peut y avoir aucune union entre la lumière et l'obscurité, de même il ne peut y avoir aucune union entre ce monde et l'Atman.

11. De même que, dans ce monde, l'ombre et la lumière du soleil sont différent l'un de l'autre. En réalité ce monde des phénomènes et l'âme suprême (Purusha[18]) sont aussi différents.

12. Si on supposait que l'Atman, l'Âme, était impure par nature et changeante, alors il n'y aurait aucune possibilité de libération pour elle-même après des centaines de renaissances.

13. Les sages qui se sont unis profondément avec l'Esprit Suprême voient leur Atman, leur âme. Elle n'est pas soumise au changement, libre de la misère, dont l'essence est la félicité personnifiée et qui ne peut mourir.

14. Je suis celui qui agit, je suis heureux, je souffre, je suis mince, je suis gros, ces perceptions naissent de l'égo et de la croyance que l'on fait l'action. Les gens projettent ce type de pensées sur l'Âme, l'Atman.

15. Ceux qui connaissent les textes Védiques disent que l'âme est le témoin au-delà de la matière. Celle

---

[18] Purusha : l'âme suprême, l'Etre, l'esprit divin

qui est différente de la nature primordiale[19], celle qui fait l'expérience des choses, qui est éternelle, pure, établie en tout et qui est partout.

16. C'est pourquoi ce monde de renaissances est le fruit de l'ignorance de tous les êtres. À cause de l'ignorance, qui est une connaissance erronée de l'être, l'âme se prend pour la matière et pour la nature basique de l'être humain.

17. C'est parce que l'âme ne fait pas cette distinction qu'elle se prend pour celui qui fait l'action. Alors qu'elle est comme un astre toujours levé, brillante par elle-même et qui pénètre en tout.

18. Les Rishis qui connaissent bien les textes sacrés, ayant compris l'Être suprême (Brahman), savent que l'âme non manifestée est éternelle et que la nature primordiale du monde est naissance et mort.

19. Même si l'Atman, l'âme, est immuable et pure, le fait qu'elle se confonde avec la matière ne lui permet pas de connaître Brahman clairement, ce qui est pourtant la nature réelle de l'être.

20. La souffrance et la misère naissent du fait d'une mauvaise compréhension. En effet l'âme, l'Atman, se

---

[19] Note du traducteur : la nature basique de l'être humain (le corps, les sens, les fonctions…) mais aussi du monde

voit dans ce qui n'est pas l'Atman. Les passions, la haine, les attachements ainsi que les autres péchés naissent du fait de cette confusion.

21. C'est pourquoi il y a des états de mérites et de fautes (péchés) qui sont dues à des actions de mérites ou de péchés. Et ainsi ce sont ces états qui créent toutes sortes de corps différents. Mais cette âme est éternelle, immortelle, libre de toute altération.

22. Du fait de l'illusion, de la confusion, l'Atman, l'âme, le soi, apparaît à nos yeux toujours différents. Mais ce n'est pas sa vraie nature.

23. C'est pourquoi les sages ont déclaré qu'en réalité qu'il n'y a pas de dualité. La division entre le sujet et l'objet vient de la nature de ce qui est matériel[20].

24. Comme pour le ciel qui n'est pas sali par le contact de la fumée, l'Atman, l'âme, n'est pas polluée par les sentiments qui naissent des sens et du mental.

25. De même qu'un cristal brille de son propre éclat, de même l'Atman, quand il est libre des conditions limitantes, brille, immaculé.

26. Ceux qui voient le monde tel qu'il est, disent que l'essence de ce monde est connaissance. Mais ceux

---

[20] Note du traducteur : comme par exemple, la croyance d'être celui qui fait l'action

qui n'ont pas une vue claire voient l'essence du monde comme étant la matière.

27. L'Atman, qui est conscience, sans changement, au-delà de toutes qualités, pur, intelligence sans défaut, éternel et pénétrant tout, apparaît comme un objet aux hommes qui ont une vue fausse.

28. Tel un diamant, qui est transparent, quand il est placé près d'une fleur rouge, devient rouge. De même l'Esprit suprême peut-être perçu de la même manière.

29. Par conséquent, l'Atman, l'âme, qui est indestructible, pure, éternelle, pénétrant en tout, devrait être méditée, contemplée, révérée par les personnes désirant la libération.

30. Lorsque la conscience omniprésente, qui est considérée comme la nature de tous les êtres, imprègne l'être, tout est lumineux dans le mental du yogi. Et sans aucune barrière, il atteint le Soi suprême.

31. Lorsqu'il voit tous les êtres comme son Atman (lui-même) et l'Atman dans tous les êtres, alors il devient un avec Brahman[21] (l'Ame Suprême).

---

[21] Note du traducteur : En tant que conscience absolue ou conscience pure, l'ātman est aussi le Brahman dans le Vedānta. La nature de l'ātman est identique à celle du Brahman à savoir : être absolu et éternel, conscience absolue, pur Je Suis Cela et félicité absolue. La nuance est

32. Quand il est plongé dans le samadhi[22] ou dans la méditation profonde, il ne voit plus la diversité des êtres vivants car il fait un avec Brahman. Il est alors tout seul[23].

33. Lorsque tous les désirs qui se trouvaient dans son cœur ont disparu, alors cet homme sage devient immortel et atteint la joie éternelle.

34. Lorsque le yogi sait que la multiplicité des êtres est unité et que la diversité du monde émane de cette unité, alors il devient Brahman.

35. Quand pour lui il ne reste que l'Atman et que cet univers entier n'est qu'une illusion alors il atteint la paix et devient libéré.

36. Quand il voit que le seul remède qui puisse le délivrer de la naissance, de la vieillesse, de la misère, de la maladie et de la mort c'est la connaissance du Brahman, alors il devient Shiva, l'Être Suprême.

37. De la même manière que dans ce monde les rivières et les fleuves deviennent un avec l'océan,

que l'Atman pourrait être considéré comme le soi et le Brahman comme le Soi absolu. Mais dans la nature réelle des choses c'est la même chose.

[22] Samadhi : contemplation extatique

[23] Note du traducteur : Être seul fait référence, dans la philosophie Samkhya, à la libération, c'est-à-dire à la différenciation entre l'âme et la matière

l'Atman devient aussi un avec le tout, avec Brahman, l'immortel.

38. Alors, il n'y a plus que la connaissance qui existe. Ce monde d'apparence n'existe pas. Cette connaissance est éclipsée par l'ignorance. Alors les êtres vivants de ce monde s'égarent et tombent dans l'erreur.

39. Cette connaissance de Brahman est sans taches, subtile, impérissable, sans changement et exempte de doute. Tout le reste n'est qu'ignorance. Tout ce qui n'est pas l'ignorance est la connaissance selon moi.

40. Je vous ai exposé le meilleur et le suprême enseignement appelé samkhya[24]. Je vous ai parlé de la connaissance essentielle des Upanishads [25]. Concentrer sa pensée sur cette science suprême et sur son objet s'appelle le yoga.

41. Du yoga naît la connaissance et de la connaissance naît le yoga. Pour celui qui possède le yoga et la connaissance, il n'y a nulle part quelque chose qui soit encore à obtenir. Tous ses désirs sont réalisés.

---

[24] Samkhya : doctrine philosophique indienne qui a pour thème principal le moyen d'obtenir la libération par une analyse rationnelle de la réalité
[25] Upanishads : ensemble de textes faisant partie des Védas

42. Ce que les yogis atteignent, ceux qui suivent le samkhya (la doctrine de la connaissance) l'atteignent également. La personne qui sait que le samkhya et le yoga ne font qu'un, celui-là connaît la vérité.

43. Les autres yogis qui s'appliquent à l'acquisition de pouvoirs, de bonne santé, s'y perdent totalement et ne trouvent jamais l'Atman ou la vérité suprême selon les Védas.

44. Mais, quand celui qui pratique le yoga et la connaissance de Brahman quittera son corps, alors il atteindra l'état divin, immortel, stable et qui réalise tous les désirs.

45. Je suis cet Atman qui est décrit dans les textes comme étant non manifesté, Seigneur Suprême, celui qui crée l'illusion, celui qui est en tous et qui voit tout.

46. Je suis l'Atman universel, Je suis tous les désirs, Je suis tous les goûts, toutes les senteurs. Je suis toutes les formes. Je suis pour toujours immortel, jeune et Je suis celui qui a ses mains et ses pieds partout dans l'univers. Je suis éternel et présent en chacun, Je suis l'éternel contrôleur de votre intérieur.

47. Même sans pieds, je cours rapidement et sans mains, je saisis. Même sans yeux, je vois, et sans oreilles j'entends. Je réside dans le cœur de tous les êtres.

48. Je connais tout cet univers. Mais personne ne me connaît. Ceux qui ont atteint l'état de vérité disent que je suis l'unique, l'Esprit Suprême.

49. Les Rishis qui ressentent les choses subtiles savent que la cause de l'existence de cet univers est le pouvoir souverain de l'Atman, qui est sans qualités (que l'on ne peut qualifier) et pur.

50. Écoutez attentivement, sages qui connaissez les textes sacrés, je vais vous exposer ce que les dieux eux-mêmes ne savent pas. Eux qui sont égarés par les illusions que je crée.

51. Étant par nature au-delà de l'illusion, je ne suis pas celui qui commande les péchés, cependant je suis la cause de ce monde. Et ça, les sages en connaissent la raison. La raison est que la libération n'a pas de cause.

52. Les yogis qui connaissent cette vérité, entrent dans mon corps qui est très secret, omniprésent et immortel et sont unis avec moi. Ils obtiennent l'union avec moi et sont absorbés par moi. Ils atteignent le Nirvana[26].

---

[26] Nirvana : du sanskrit, libération du cycle des renaissances, des illusions. Aussi appelé illumination.

53. Ceux qui parviennent à cette vérité ont alors le contrôle de mes illusions, des formes de ce monde. Ils obtiennent la libération suprême, le pur Nirvana.

54. Pour ces sages-là, par ma grâce, il n'y a plus ensuite de retour ici-bas (ils ne renaissent pas), même après des centaines de millions de cycles cosmiques. Ceci est l'enseignement des Védas.

55. Cette doctrine du samkhya (voir chap.2 ver.40, ver.42), ainsi que le yoga, doivent être transmis seulement à ceux qui sont en recherche de Brahman, aux disciples et aux yogis.

Chapitre 3

L'ordre primordial naturel et l'humain

Le Seigneur Shiva dit :

1. De l'Être irrévélé sont nés le Temps, l'ordre naturel primordial (prakriti)[27] et l'Esprit Suprême. De ces trois-là est né cet univers. C'est pourquoi le monde est fait du Brahman.

2. Brahman demeure partout. Il a des mains et des pieds partout. Il a aussi des yeux, des oreilles, une tête, un visage dans toutes les directions.

3. Il a l'apparence d'avoir les facultés de tous les sens. Pourtant il en est totalement libre. Il est le réceptacle de tout. Il est joie éternelle et est libre de toute dualité.

4. Il ne peut être comparé à rien et il ne peut être connu grâce à des preuves. Il est au-delà du savoir intellectuel ainsi que des constructions mentales. Il est au-delà du sujet et de l'objet. Il est immortel, dépourvu de toutes fausses apparences, demeurant partout.

5. Il est non divisé et pourtant est perçu comme divisé. Il est éternel, inébranlable, impérissable et sans attributs. Il est Suprême, le plus pur espace, le ciel lui-

[27] Prakriti : l'ordre naturel primordial, aussi l'âme de l'univers

même. C'est ce que savent ceux qui ont obtenu la connaissance.

6. C'est l'âme de tous les êtres, qui est à la fois extérieure et intérieure. Je suis le Seigneur suprême, celui dont l'essence est cette connaissance qui pénètre tout.

7. J'ai un corps qui n'est pas manifesté et l'univers se répand grâce à moi. Tous les êtres demeurent en moi. Celui qui sait ceci est celui qui connaît les Védas.

8. L'ordre naturel primordial et l'âme de l'univers (l'essence de l'Atman) sont deux principes dont on a parlé (voir chap.3 ver.1). Le Temps est le principe qui les lie tous les deux et il est sans commencement.

9. L'être suprême non manifesté, sans commencement ni fin, est composé de ces trois principes mais en est aussi différent. Le sage sait que leur nature profonde est moi.

10. Ce qui crée le monde tout entier depuis l'intellect jusqu'aux différences entre les êtres est appelé l'ordre naturel primordial (prakiti). C'est lui qui aveugle toutes les âmes.

11. L'Esprit lorsqu'il est uni à la matière jouit des différentes qualités de la matière. Il est appelé le vingt-cinquième principe[28] lorsqu'il a pu se libérer de l'égo.

12. La première évolution de l'ordre naturel primordial est appelée le grand principe (mahat), c'est l'intellect. De l'intellect naît l'égo, celui qui sait, celui qui a la conscience de savoir.

13. Le grand principe est appelé principe d'individuation, il est appelé âme individuelle, individualité, il est appelé le soi intérieur par ceux qui cherchent la vérité.

14. C'est par l'égo que l'on sent le plaisir et la douleur dans les vies humaines. Il a pour essence la faculté de savoir, et les sens internes (les pensées, la mémoire, le fait de sentir les émotions, les objets mentaux) sont ses auxiliaires.

15. De l'intellect est né le manque de distinction entre la vérité et ce qui est irréel. Car il devient attaché à la matière et il ne se distingue plus d'avec le Temps. Et ainsi il est devenu le Temps. À cause de ça, le monde

---

[28] Selon la philosophie samhkya, l'ordre naturel primordial évolue en 23 principes ; si l'on ajoute l'esprit comme 24ème, nous avons le 25ème dans ce verset.

de l'homme a été créé. Le manque de distinction est créé par l'association de la matière avec le temps.

16. Le Temps crée les êtres, le Temps les détruit. Tous les êtres sont soumis au contrôle du Temps. Mais le Temps n'est contrôlé par personne.

17. Le Temps éternel pénètre tout cet univers, il le maintien. Il est appelé Seigneur, le souffle vital, l'omniscient, l'Être suprême (l'Esprit suprême).

18. Les sages disent que les sens internes (le mental) sont supérieurs à tous les sens des organes et que l'égo est supérieur aux sens internes. L'intellect est lui supérieur à l'égo.

19. L'ordre naturel primordial (la matière qui n'est pas encore manifestée) est supérieur à l'intellect. L'âme est supérieure à l'ordre naturel primordial. Le sublime souffle vital est supérieur à l'âme. Ce monde entier lui appartient.

20. L'Espace est supérieur au souffle vital. Le feu qui est au-delà de l'espace, est le Seigneur. Je suis ce Seigneur Suprême qui est le Brahman. Moi, qui suis éternel et impassible. Je suis le savoir.

21. Il n'y a personne de supérieur à moi. Et quand on me connaît, on obtient la libération. Animé ou inanimé, il n'y a pas un être en ce monde qui soit éternel, à part moi, le Seigneur Suprême, dont la nature est l'Espace.

22. Je suis le Dieu créateur de l'illusion qui unit au Temps, crée toutes les choses et détruit le monde éternellement.

23. C'est le Temps qui, grâce à ma présence, fait l'univers. C'est l'Atman qui est infini qui le lui dicte. Tel est l'enseignement des Védas.

Chapitre 4

La gloire de Shiva

Le Seigneur Ishwara dit :

1. Ô vous qui êtes versés dans les textes sacrés, écoutez attentivement. Je vais vous parler de la grandeur du Dieu des Dieux et par qui l'univers existe.

2. Sans une suprême dévotion, je ne peux être perçu par les hommes même s'ils passent par toutes sortes d'exercices ascétiques ou en faisant preuve de charité ou par des sacrifices.

3. Oh maître des sages, je demeure dans tous les êtres, partout. Je suis le témoin de tout et pourtant ce monde ne me connaît pas.

4. Je suis l'Être Suprême qui se trouve en tout et en qui tout est présent. Je suis le créateur et l'ordonnateur du monde, Je suis le Temps, le Feu, qui tourne son visage dans toutes les directions.

5. Ni les sages, ni les pères, ni les habitants des cieux, ni les Dieux, ni Indra, ni les autres êtres puissants, ne me voient.

6. Les Védas parlent de moi, le Seigneur suprême. C'est à moi que ceux qui sont versés dans les textes sacrés offrent toutes sortes de sacrifices et d'offrandes selon les Védas.

7. L'univers me révère, moi, le Seigneur, le Dieu, le maître souverain des êtres. Brahman, le père des mondes, incline sa tête devant moi. Les yogis me cherchent dans leurs méditations.

8. C'est moi qui jouis de toutes les offrandes et qui accorde les récompenses aux sacrifices. Je suis le corps de tous les dieux et c'est moi qui suis dans l'âme de tous et qui est partout.

9. Ceux qui me voient en ce monde sont ceux qui ont le savoir, les hommes vertueux et ceux qui sont versés dans les Védas. Je suis toujours avec ou près de ceux qui m'adorent.

10. C'est moi qu'adorent les sages, les guerriers, ceux qui sont pieux (qui pratiquent la vertu), les marchands, les commerçants. Je leur donne le repos, l'état de béatitude suprême.

11. Même ceux dont le métier est dégradant, qui pratiquent des activités interdites seront libérés en temps voulu et me rejoindront s'ils sont plein de dévotion pour moi. Ils seront sauvés, même s'ils sont déjà atteints par la mort.

12. Ceux qui m'aiment ne périront pas. Mes dévots sont libérés de leurs péchés. Ce fut ma promesse dès le commencement. Celui qui m'aime ne périt pas.

13. Celui qui crache sur mes dévots, c'est en fait sur le Dieu des Dieux qu'il crache. Celui qui adore mon dévot en revanche, c'est toujours moi qu'il adore.

14. Celui qui m'offre chaque jour avec discipline, une feuille, une fleur, un fruit ou un peu d'eau, celui-là est mon dévot et m'est cher. Que cela se sache.

15. J'ai créé le Dieu Brahma au commencement du monde. Je lui ai donné tous les Védas issus de mon âme.

16. Je suis le maître immortel qui délivre tous les yogis. Je suis le protecteur des hommes vertueux et je suis le destructeur des ennemis des Védas.

17. Je suis celui qui délivre les yogis de ce monde. Je suis la cause des renaissances, mais je suis exempt de toutes renaissances.

18. Je suis celui qui détruit. Je suis le créateur et le protecteur de l'univers. Je suis celui qui contrôle l'illusion. Mon pouvoir, l'illusion, est ce qui fourvoie le monde.

19. Mais j'ai aussi une énergie divine supérieure, qui est appelée la connaissance. Avec elle je détruis l'illusion. Avec elle, je réside dans le cœur des yogis.

20. Je suis celui qui met en mouvement et qui arrête tous les pouvoirs divins. Je suis la base de tous les pouvoirs ainsi que le réceptacle du nectar d'immortalité.

21. Un des pouvoirs, qui est établi en moi, après avoir pris la forme du Dieu Brahma le créateur, crée les différents univers.

22. Un autre de ces pouvoirs divins prend la forme de l'éternel Narayana (Vishnou), le protecteur du monde, le Dieu du monde. Celui qui est composé du monde et qui maintient le monde.

23. Un troisième grand pouvoir divin, qui prend la forme de Rudra, est le Temps ou la Mort, et qui détruit tout l'univers.

24. Quelques-uns me perçoivent grâce à la méditation. D'autres, grâce au yoga de la connaissance, d'autres grâce au yoga de la dévotion, d'autres grâce à la voie de l'action[29].

---

[29] Note du traducteur : les 4 voies du yoga vers Dieu, mises en avant par Vivekananda dans son livre « Les yogas pratiques » sont le yoga de la méditation (raja yoga), le yoga de la connaissance (jnana yoga), le yoga de la dévotion (bhakti yoga) et le yoga de l'action (karma yoga).

25. Les personnes qui m'honorent et m'adorent avec le savoir et pas autrement me sont les plus chers des dévots.

26. Il y a trois autres sortes de dévots qui attendent de m'adorer. Ceux-là aussi s'unissent à moi et sont libérés.

27. Tout cet univers, qui consiste essentiellement dans la matière et de l'Esprit, prend vie grâce à moi. Établi en moi, le monde est mis en mouvement par moi.

28. Ô sages, pourtant je ne suis pas celui qui met en mouvement le monde[30]. Mais avec le yoga Suprême, je dirige le monde. Celui qui comprend cela devient immortel.

29. Je vois tout cet univers en mouvement comme s'il existait par lui-même. C'est le Temps qui agit, le Seigneur des yogis lui-même, qui créé, maintient et détruit cet univers.

30. Dans les textes, dans les poèmes, je suis appelé par les sages le yogi, le magicien qui possède la force qui produit l'illusion, celui qui est appelé le Grand

---

[30] Note du traducteur : être celui qui met en mouvement le monde en étant dépourvu de l'attachement de mettre en mouvement grâce au yoga suprême

Seigneur du yoga, le bienheureux, le grand Seigneur Suprême.

31. Le titre de Suprême appartient à ce Dieu souverain à cause de sa supériorité sur toutes les autres entités. Il est formé de l'essence divine, de la réalité suprême, il est appelé le bienheureux Brahma.

32. Celui qui me perçoit comme étant le Seigneur du Seigneur Suprême du yoga, par l'intermédiaire de Nirvikalpa Samadhi[31], est en union avec moi. Il n'y a aucun doute sur ce point.

33. Ainsi, je suis le Dieu qui met en mouvement l'univers, celui qui restaure la joie suprême. Moi, le yogi, qui danse sans cesse dans le cœur des êtres. Celui qui sait cela, connaît en fait les Védas.

34. Ce savoir très secret est établi dans tous les Védas. Ce savoir devrait être divulgué seulement aux hommes à l'esprit pur (dont l'intelligence est claire), à l'homme pieux, à celui qui entretient les feux sacrés sur l'autel.

---

[31] Nirvikalpa Samadhi : état dans lequel il n'y a pas de conscience de celui qui sait, de ce qui est connu, ni de la connaissance. Les pensées se dissolvent complètement. Ceci est considéré comme un état d'être en union avec le Divin. C'est un état de véritable extase, d'unité et de félicité illimitée. On décrit habituellement trois étapes différentes : Savikalpa Samadhi, Nirvikalpa Samadhi, Sahaja Samadhi.

Chapitre 5

La danse de Shiva

Vyasa le barde dit :

1. Après que le Seigneur suprême a parlé ainsi aux yogis, il se mit à danser et à déployer devant eux son aspect suprême et divin.

2. Ils virent le maître, le suprême réceptacle des trésors de lumière, danser au côté de Vishnou dans le ciel immaculé.

3. Les yogis qui connaissent la véritable essence du yoga et dont le mental est maîtrisé virent le Seigneur de tous les êtres danser dans le ciel.

4. Les sages le voyaient danser lui le Seigneur de l'univers, celui à qui appartient l'univers entier créé par son illusion, celui qui soutient l'univers et qui le met en mouvement.

5. Ils virent danser le Maître souverain des créatures. Ils se souvinrent de ses pieds en forme de lotus, qui par cette seule pensée, libèrent les êtres humains de la peur. La peur créée par l'ignorance.

6. Ceux qui sont pleins de dévotion, le cœur apaisé, maîtres de leur sommeil et de leur respiration, le voient en tant qu'être de pure lumière. C'est le yogi (Shiva) qui leur apparaît.

7. Ils virent dans le ciel Rudra[32], l'Être suprême, lui qui, plein d'amour pour ses dévots, plein de bienveillance envers eux, peut les délivrer rapidement de l'ignorance.

8. Les sages virent le Dieu Shiva, celui qui porte le croissant de lune sur sa tête, qui a mille têtes, mille pieds, mille formes et mille bras. Lui, le dieu qui porte les tresses des yogis.

9. Lui qui est vêtu d'une peau de tigre. De sa main robuste il tenait un trident. Son autre main tenait un bâton. Lui, qui a trois yeux et dont les trois yeux sont le soleil, la lune et le feu.

10. Les sages virent Shiva, celui qui revêt tout l'univers, celui qui l'enveloppe de sa splendeur. Lui, qui paraissait terrifiant avec ses crocs effrayants. Le dieu invincible, dont la splendeur est égale à celle de dix millions de soleils.

11. Celui qui est à l'intérieur et à l'extérieur du monde. Celui qui pénètre à l'intérieur et à l'extérieur de l'univers. Il émanait de lui des flammes de feu et de cette façon il incendiait l'univers entier. Les sages voyaient le Seigneur et créateur de tous les êtres, danser.

---

[32] Rudra : émanation de Shiva

12. Les sages virent le Grand Dieu, le Grand Yogi vivant. Celui que même les Dieux adorent. Lui, le maître et Seigneur des âmes, lui, l'immortelle lumière des lumières.

13. Ils le virent armé de son arc qui avait de grands yeux et qui possède le remède de ceux qui sont malades de la maladie de l'existence. Lui qui est l'âme du Temps, le destructeur du Temps, le Dieu des Dieux, le Seigneur Suprême.

14. Lui, qui est l'époux d'Uma[33], celui qui a un grand nombre d'yeux. L'Être Suprême, qui est rempli de la félicité du yoga, qui est le réceptacle de la connaissance et du détachement. Lui, le Seigneur du yoga éternel de la connaissance.

15. Les sages virent celui à qui appartiennent l'éternité, la gloire divine et la puissance. Celui qui est le soutien de la loi du monde. Celui qui est honoré par le grand Indra (le roi des Dieux) et par Vishnou. Celui qui est adoré par les grands Rishis.

16. Les sages, versés dans les textes sacrés, virent celui qui demeure dans le cœur des yogis, celui qui est la base de tous les pouvoirs, celui qui est la vérité suprême pour les yogis. Lui qui est enveloppé de

---

[33] Uma : autre de nom de Parvati. Est une déesse hindoue, réincarnation de Sati, la première épouse de Shiva.

l'illusion universelle créée par la concentration de sa pensée. Celui qui peut être adoré grâce au yoga.

17. Celui qui est l'origine de l'univers. Lui qui est uni à Narayana (Vishnou), le dieu prospère, la matrice du monde.

18. Et quand ils virent la forme suprême du Seigneur, dans laquelle Rudra (le destructeur) est identique à Narayana (le créateur), les sages pensèrent qu'ils avaient atteints la libération.

19. Les sages Sanatkumara, Sanaka et Bhrgu, Sanatana et Sanandana, Raibhya, Angiras, Vamadeva et Sukra le grand sage, le grand Rishi Atri, Kapila et Marichi.

20. Et après avoir vu Rudra, le maître du monde, dont le flanc gauche est Vishnou, celui au nombril duquel sort un lotus, ils méditèrent sur le Dieu présent dans leur cœur. Ils s'inclinèrent alors respectueusement pour le saluer, et portèrent leurs mains jointes à leur front.

21. Ils prononcèrent la syllabe Om et regardèrent le Dieu, présent dans leur corps, caché dans la retraite secrète du cœur. Alors, le cœur rempli de joie, ils chantèrent ses louanges en des paroles tirées des Védas.

Les sages dirent :

22. Nous nous inclinons devant Toi, l'unique Seigneur, l'antique Esprit, le Seigneur du souffle vital, devant Toi Rudra dont le yoga est infini, devant celui qui est dans nos cœur, devant Toi qui es sage, qui es identique au Brahman, Toi qui purifies.

23. Ayant médité en eux-mêmes sur Toi, l'être immobile dans leur corps, sur Toi le sage sublime, supérieur aux plus grands, les sages qui ont dompté leurs désirs et dont le cœur est apaisé, Te voient immuable, pur, ayant la couleur de l'or. Toi qui as pour forme le Brahman, qui est supérieur aux plus grands et qui est le suprême voyant.

24. C'est de Toi que provient la création de l'univers. Tu es l'âme de tous les êtres. Et Te faisant infiniment petit, Tu perçois toute chose, Toi qui es plus petit que l'atome et Toi qui es plus grand que tout ce qu'il y a de grand. Toi seul Tu es tout, disent les sages.

25. De Toi est née l'âme intérieure du monde (Hiranyagarbha), l'âme de l'univers. En naissant, créé par Toi, il créa aussitôt l'univers selon Ta loi.

26. C'est de Toi qu'ont été générés tous les Védas et c'est finalement en Toi qu'ils s'unissent. Nous Te voyons, Toi, la cause du monde qui résides dans notre cœur, dansant.

27. C'est par Toi que la roue de l'univers est mise en mouvement (la roue des renaissances). Tu es le maître de l'illusion, Tu es le seul et l'Unique Seigneur des mondes. Nous nous réfugions en Toi et nous Te rendons hommage, à Toi qui es l'essence du yoga et qui est le maître de la conscience, dansant de Ta divine danse.

28. Nous Te voyons danser au milieu du ciel suprême, Toi qui jouis constamment du suprême félicité de Brahman. Toi qui pénètres le monde de toutes parts et qui es toutes les formes.

29. La sainte syllabe Om Te décrit parfaitement et est le germe de la libération. Tu es immuable et caché dans l'ordre naturel primordial de la matière. Les vrais saints, ici-bas, disent que Tu es la vérité, qui brille de son propre éclat.

30. Tous les Védas chantent sans cesse Tes louanges. Les Rishis dont les péchés ont été détruits s'inclinent devant Toi. Absorbés dans la contemplation du Brahman, ces yogis dont le mental est apaisé, entrent en Toi, en Toi qui tiens ta promesse, en Toi, le meilleur de tous les êtres.

31. Tu es Shiva, le maître. Tu es sans début, Tu as toutes les formes, Tu es Brahma (le Dieu). Tu es le tout puissant et respecté Vishnou. Tu es l'Être suprême, l'être le plus excellent. Ceux qui sont stables et qui perçoivent la félicité de leur Atman qui est Ton Atman, ces yogis inébranlables entrent dans ta lumière qui brille par elle-même et sont libérés à tout jamais.

32. Tu es aussi l'unique Rudra, qui crée cet univers. Tu protèges l'univers grâce à toutes tes formes. Et puisque l'univers a ta forme, c'est en Toi que finalement il disparaît. Prenant refuge en Toi, nous Te rendons hommage.

33. En fait ce n'est que de Toi que les infinis Védas, aux multiples écoles, parlent, l'être unique qui n'a en réalité qu'une seule forme. Ceux qui prennent refuge en Toi trouvent la paix permanente et triomphent de l'illusion. Mais pour les autres ce n'est pas le cas.

34. Les sages disent que Tu es l'unique sage, l'unique Rudra, l'énergie vitale (l'essence divine). Toi qui apparais comme étant Hari (Vishnou), le Feu, le Seigneur, l'éternel Rudra, Indra (le roi des Dieux), la mort, le Vent, le Créateur, le Soleil et celui qui a des formes innombrables.

35. Tu es l'inaltérable, en qui il faut reconnaître l'Être suprême. Tu es le suprême refuge de cet univers, Tu es le gardien immortel de la loi de l'univers. Tu es l'âme du monde, l'éternel.

36. Tu es Vishnou. Tu es Brahma, le Dieu aux quatre visages. Tu es Rudra, le Bienheureux Seigneur. Tu es le centre de l'univers, Tu es l'ordre naturel primordial de la Nature, la base des choses. Tu es le Seigneur de tous les êtres. Tu es le Seigneur Suprême.

37. Les sages disent que Tu es l'âme du monde, Toi qui as la couleur du soleil et qui es au-delà des ténèbres de l'ignorance. Tu as des formes irrévélées et incompréhensibles. Tu es la conscience elle-même, Tu as des formes innombrables, Tu es le ciel, le Brahman, l'espace, le vide, l'ordre naturel primordial, Tu es libre de changement et d'attributs.

38. Cette forme que Tu prends, est inconcevable dans ce monde visible. Elle resplendit dans tout cet univers, elle est impérissable, immaculée, pure, c'est Ta forme à Toi. Cette splendeur qui rayonne à l'intérieur c'est Toi seul, ceci est la réalité.

39. Tous, implorant ta protection, nous nous inclinons devant Toi, le Seigneur du yoga, le but ultime, aux énergies innombrables. Nous nous inclinons devant Toi qui es le corps du Brahman, qui est pur, Rudra. Ô

souverain des êtres, sois gracieux envers nous, Seigneur suprême.

40. En nous rappelant tes pieds en forme de lotus, la cause de l'existence de ce monde est détruite. Après avoir contrôlé notre mental et avoir placé notre corps correctement, nous nous inclinons devant Toi. Sois gracieux envers nous, unique Seigneur.

41. Obéissance à l'existence et à l'origine de l'existence, au Temps, au Tout, à Toi le destructeur. Obéissance à Rudra, à Toi, le dieu aux cheveux tressés. Obéissance à celui qui est le feu. Ô Dieu, obéissance à Shiva !

42. Grâce à cette litanie, le Bienheureux, le Dieu aux cheveux tressés, le Dieu qui a pour monture le taureau, a fait disparaître sa forme suprême en prenant une forme à l'état normal et devint L'Existence (Bhava)[34].

43. Et voyant l'Existence (Shiva), maître du passé et de l'avenir regardant le Dieu Narayana (Vishnou), les sages émerveillés prirent la parole en ces termes :

44. Ô Seigneur, Ô Bienheureux Maître du passé et de l'avenir, Ô Toi qui as pour emblème le taureau, ayant vu ta forme suprême, nous sommes satisfaits, Ô Toi qui es éternel.

[34] Dans sa forme normale Shiva devient Bhava, l'Existence.

45. C'est par ta grâce favorable que naît notre dévotion pour Toi, l'Être suprême, pour Toi, Seigneur suprême.

46. Ô Shiva, maintenant nous désirons en apprendre encore davantage au sujet de ta grandeur, au sujet de ce qui est l'éternelle nature réelle de l'Être suprême.

47. Quand il entendit les paroles des yogis, Lui, le Dieu qui donne les pouvoirs de la pratique du yoga, leur dit d'une voix profonde en regardant Narayana (Vishnou) :

Chapitre 6

La Gloire de Shiva

Le Seigneur Shiva dit :

1. Écoutez tous, ô Rishis. Je vais vous décrire la grandeur du Seigneur suprême, telle que la connaissent ceux qui connaissent très bien les Védas.

2. Je suis l'unique architecte de tout l'univers. Je suis l'unique protecteur de tout l'univers. Je suis l'unique destructeur de tout l'univers. Je suis l'Atman universel et éternel de tous les êtres.

3. En effet, je suis le suprême Seigneur qui loge à l'intérieur de tout ce qui est matériel, je suis au centre et tout existe en moi. Mais je suis aussi nulle part, car je suis au-delà de la matière. C'est l'univers qui est en moi, ce n'est pas moi qui suis dans l'univers.

4. Vous avez vu ma forme extraordinaire. Telle est en effet mon image, ô sages, je vous ai montré mon pouvoir qui produit les apparences (illusion).

5. Etabli dans tous les êtres, je mets en mouvement tout l'univers. Telle est mon énergie d'action (Kryia Shakti).

6. Je suis la seule et unique cause du mouvement de cet univers. Il obéit à ma pensée. C'est moi, le Temps, qui mets en mouvement tout l'univers, composé d'instants.

7. Ô excellents Rishis, avec une partie de mon être, je crée tout l'univers et je détruis l'univers avec une autre. Bien que je le détruise, ma stabilité est immuable. Il y a donc deux états différents, la création et la destruction.

8. Je n'ai ni commencement, ni milieu, ni fin, je mets en mouvement l'illusion et la réalité. J'active ou mets en mouvement le principe de la matière et l'âme de l'univers au début de la création.

9. L'univers naît alors de leur union. Graduellement, selon un ordre régulier, mon énergie se déploie en différents principes (Tattvas [35]), commençant par l'Intellect.

10. Le Dieu Soleil, qui est le témoin de tout l'univers, le Dieu qui manipule la roue du Temps, lui aussi est né de mon corps.

11. Ô sages, au commencement du cycle cosmique (Kalpa), dans ma sagesse, je lui ai donné l'éternel yoga de la connaissance ainsi que les quatre Védas que j'ai créés.

---

[35] Tattvas : ce sont les différents principes qui président à la manifestation cosmique. Le Samkhya en énumèrent 25. Voir appendice 1 de ce livre.

12. C'est grâce à ma volonté que, devenu le dieu Brahma, lui qui est absorbé en mon être, il a acquis pour toujours ma puissance divine absolue.

13. Le dieu Brahma qui est né de ma volonté, qui est le créateur de tout l'univers et celui qui est omniscient, est devenu, par mon commandement, le Dieu aux quatre visages (Brahma) et a créé tout l'univers.

14. Et Narayana (Vishnou), le Dieu infini, éternel, maître des mondes, est aussi une autre forme de moi. Il est le protecteur de l'univers.

15. Et le Dieu tueur de tous les êtres, le puissant Rudra, dont l'essence est le Temps, détruit l'univers par mon ordre. Il est aussi une de mes formes.

16. Le feu qui transmet les aumônes aux Dieux (lors de cérémonie où l'on brûle des dons aux Dieux), le feu qui transmet les aumônes aux ancêtres défunts, et celui qui opère la cuisson des aliments, lui aussi est poussé à l'action par mon pouvoir divin.

17. C'est par l'ordre d'Ishwara (le Seigneur suprême, Shiva) que le bienheureux feu qui habite dans tous les hommes (le feu de la digestion), nuit et jour, digère et transforme la nourriture.

18. Le Dieu qui est à l'origine de toutes les sortes d'eaux, l'excellent Dieu Varuna, lui aussi donne l'eau à tout l'univers, grâce à l'ordre d'Ishwara.

19. Le Dieu qui est à l'intérieur des êtres vivants (l'énergie vitale) et qui, à l'extérieur, est le Dieu du vent, ce Dieu soutient et nourrit les corps des êtres vivants par mon ordre.

20. Et celui qui fait vivre les hommes, et qui donne aux Dieux le trésor de l'immortalité, le Dieu Soma (la lune), lui aussi se met en œuvre grâce à mon ordre.

21. Le Dieu Surya (le Soleil) qui grâce à sa lumière, illumine l'univers de toutes parts et donne la pluie. C'est grâce à l'Être qui existe par lui-même que tout ceci se fait.

22. Et le roi des Dieux, celui qui règne sur le monde entier, Indra, celui qui donne à ceux qui sacrifient la récompense de leurs sacrifices, lui aussi se met en œuvre par mon ordre.

23. Le Dieu de la mort, fils du soleil, celui qui régit les méchants, le Dieu Yama, se met en œuvre aussi nécessairement par l'ordre du Dieu des Dieux.

24. Et le Dieu de la bonne fortune, celui qui octroie les richesses, Kubera, lui aussi agit toujours par l'ordre d'Ishwara.

25. Le Dieu qui règne sur tous les démons, et qui donne aux méchants la conséquence de leurs actions, le Dieu Nirrti Deva (la Perdition) fonctionne éternellement grâce à ma volonté.

26. Le maître des goules, des demi-dieux et des revenants, le Dieu qui donne le fruit de la jouissance aux dévots, celui-là aussi suit mes ordres.

27. Vamadeva, l'élève d'Angiras, le chef de la troupe des Rudras, le protecteur des yogis, œuvre aussi toujours par mon ordre.

28. Et le Dieu qui est adoré par le monde entier, le Dieu Ganesh, qui enlève tous les obstacles, celui qui aime la vertu, lui aussi agit par mon ordre.

29. Et celui qui connait le mieux le Brahman au monde, le chef puissant de l'armée des dieux, Skanda, lui aussi est inspiré par mon commandement via le Dieu Brahma.

30. Et les grands Rishis tel que Marichi et les autres (Atri, Angiras, Pulastya, Pulaha, Kratu, Vasistha, Pracetas, Bhrgu et Narada) qui sont les rois des créatures, qui créent divers mondes, du fait des ordres de l'Être suprême.

31. Et l'épouse de Narayana, la déesse Shri (la Prospérité), qui donne à tous les êtres l'abondante richesse, elle aussi agit grâce aux faveurs que je lui accorde.

32. Et Sarasvati, la Déesse de la connaissance et de l'éloquence, elle aussi est inspirée par Ishwara, le Seigneur Suprême.

33. Et Savitri qui protège tous les êtres humains du terrible enfer, elle aussi obéit à mon commandement.

34. Et la suprême déesse Parvati, qui donne la connaissance du Brahman, qui est la réalité suprême et pour cette raison est l'objet de la méditation des sages, elle aussi suit mes ordres.

35. Et Ananta (le Dieu serpent), dont la gloire est infinie, celui qui est le maître de tous les immortels, lui qui porte le monde sur sa tête, lui aussi agit selon mes ordres.

36. Agni (le Dieu du feu), le destructeur éternel qui prend la forme d'une jument et qui boit l'océan entier, lui aussi agit selon l'ordre du Seigneur.

37. Et les quatorze puissants Manus, splendeurs du monde, ceux qui protègent toutes les créatures, eux aussi agissent par son ordre.

38. Les Adityas, les Vasus, les Rudras, les Maruts et les Asvins, ainsi que tous les autres Dieux, tous sont sous mon commandement.

39. Les Gandharvas, les oiseaux, qui ont à leur tête Garuda (l'oiseau merveilleux qui sert de monture à Vishnou), les Siddhas (les être parfaits), les Sadhyas, les Caranas (chanteurs célestes), les Yaksas, les Raksas et les Pisacas ont été créés par l'Être qui existe par lui-même. [36]

40. Les minutes, les secondes et les instants, les heures, les jours, les nuits, les saisons, les quinzaines et les mois ont été établis conformément à l'ordre du Dieu des progénitures (Shiva).

41. Les différentes époques ainsi que les grandes ères, les cycles cosmiques, ainsi que toutes les autres divisions du temps sont établis selon mon commandement.

42. Les quatre sortes d'êtres vivants : les dieux, les hommes, les animaux et les plantes, ainsi que les mondes animés et inanimés existent sous le règne du divin Atman suprême.

[36] Note du traducteur : les êtres décrits ici sont des êtres supranaturels qui sont inférieurs aux Dieux

43. Et tous les enfers, tout l'univers et les grandes divisions du monde (ciel, atmosphère, terre), existent par la volonté de l'Être qui est né par lui-même.

44. Dans le passé il existait de multiples univers qui avaient de toutes parts, des multitudes de choses. Eux aussi ont été mis en mouvement par ma grâce.

45. Et dans le futur aussi il existera une multitude d'univers, avec leurs Atmans reposant en moi et qui eux aussi seront mis en mouvement par ma grâce.

46. La terre, l'eau, le feu, le vent, le ciel, les sens internes (le mental), l'intellect, l'égo (être conscient de son individualité) et l'ordre naturel primordial existent grâce à ma volonté.

47. Et l'illusion universelle, qui est l'origine de tous les mondes et qui aveugle tous les êtres, existe toujours sous différentes formes. Elle aussi suit les ordres du Seigneur.

48. L'Atman qui est aussi appelé l'Esprit Suprême est l'âme de tous les êtres vivants. Lui aussi existe grâce à la volonté d'Ishwara.

49. Et la pure vérité par laquelle on peut atteindre l'état suprême après s'être débarrassé de l'impureté due à la confusion. Elle aussi se met en mouvement conformément à la grâce de Shiva.

50. Pourquoi en dire plus maintenant ? Le monde est fait de mon pouvoir divin. Tout est inspiré par moi. C'est en moi que l'univers entier se dissout.

51. Je suis le Seigneur, le maître, l'éternel, l'âme suprême, la lumière qui brille d'elle-même, le suprême Brahman. Il n'y a rien d'autre que moi.

52. Ainsi cette connaissance suprême vous est parvenue grâce à moi. Ceux qui la connaissent seront délivrés des liens de ce monde.

Chapitre 7

Les fondements du yoga

Le Seigneur Ishwara dit :

1. Ô Rishis, vous connaissez maintenant la puissance et la gloire de Shiva l'Être suprême. L'homme qui a la connaissance de Shiva est délivré des liens de ce monde et ne subira plus de renaissance.

2. Ma puissance, c'est le Brahman. Il est supérieur à ce qu'il y a de plus haut. Il est ferme, infini, éternelle félicité et libre des constructions mentales.

3. Pour ceux qui connaissent le Brahman, je suis Brahma, le Dieu qui est né par lui-même et dont les visages sont partout. Parmi ceux qui possèdent le pouvoir de créer l'illusion, je suis le dieu Hari, le dieu antique et immortel.

4. Parmi les yogis, je suis Shambhu[37]. Parmi les femmes, je suis la déesse, fille du roi des Himalayas (Parvati). Parmi les Adityas (Dieux, fils d'Aditi), je suis Vishnou. Parmi les dieux appelés Vasus, je suis le feu.

5. Parmi les Rudras (les êtres divins et terribles associés à la nature sauvage), je suis Shankara. Parmi les oiseaux, je suis Garuda (l'oiseau divin qui sert de monture à Vishnou). Parmi les rois des éléphants, je

[37] Shambu : forme bienveillante de Shiva

suis Airavata (l'éléphant d'Indra). Je suis Rama parmi les personnes qui portent des armes.

6. Parmi les sages, je suis Vasistha. Parmi les Dieux célestes, je suis Indra (le roi des Dieux). Parmi les architectes de l'univers, je suis Vishvakarman. Parmi les Asuras (les démons ennemis des dieux lumineux), je suis Prahlada (le chef des Asuras).

7. Parmi les renonçants, je suis Vyasa. Parmi les Ganas (les dieux inférieurs), je suis Ganesha. Parmi les guerriers, je suis Virabhadra. Parmi les Siddhas (les êtres parfaits, demi-Dieux qui possèdent des pouvoirs surnaturels), je suis le sage Kapila.

8. Parmi les montagnes, je suis le mont Meru. Parmi les astres, je suis la lune. Parmi les armes, je suis la foudre (l'arme d'Indra). Parmi les vœux de vertu, je suis la vérité.

9. Parmi les Serpents, je suis le seigneur Ananta. Parmi les commandants des armées, je suis Skanda (le Dieu de la guerre). Parmi les quatre phases de la vie (Ashramas), je suis le maître de maison[38]. Parmi les Seigneurs, je suis le Seigneur suprême.

---

[38] Note du traducteur : les ashramas sont les 4 étapes de la vie qu'un hindou devrait traverser. Ces quatre étapes sont : l'étudiant, le chef de famille/de maison, celui qui se retire dans

10. Parmi les cycles du temps, je suis le grand cycle. Parmi les quatre âges[39] du monde que traverse un cycle du temps (kalpa), je suis l'âge d'or. Parmi tous les génies, je suis Kubera (le roi des génies, le dieu des trésors). Parmi les chefs des armées, je suis Viraka.

11. Parmi les Seigneurs des créatures, je suis Daksha. Parmi tous les êtres démoniaques, je suis Nirritti (la Perdition). Parmi les puissants, je suis Vayu (le vent). Parmi les Dvipas, les grandes divisions de la terre, je suis Puskara (le continent appelé Lotus).

12. Parmi les rois des animaux, je suis le lion. Parmi les armes, je suis l'arc. Parmi les Védas, je suis le Sama Véda (le Véda des mélodies sacrées). Parmi les yajus (les chants rituels), je suis le Satarudriya (hymne adressé aux cent différentes formes de Rudra).

13. Parmi tous les mantras, je suis le Gayatri. Parmi les choses qu'il faut garder secrète, je suis la sainte syllabe Om. Parmi les hymnes Védiques, je suis l'hymne au Purusha (hymnes du premier homme sur la création du monde).

---

la forêt pour méditer et celui qui a renoncé à tout et qui cherche l'éveil.

[39] Les âges du monde sont : Satya Yuga (l'âge d'or) ensuite le monde décline vers Tetra Yuga puis Dvapara Yuga pour finir avec Kali Yuga (l'âge sombre) dans lequel nous serions en ce moment.

Parmi les samas mantra (les mélodies sacrées), je suis le Jyestha-sama (le meilleur des samas).

14. Parmi ceux qui connaissent tous les Védas, je suis Manu Svayambhuva. Parmi les pays, je suis le Brahmavarta. Parmi les lieux saints, je suis Varanasi (lieu de pèlerinage situé près de Bénarès).

15. Parmi les savoirs, je suis le savoir de l'Atman. Parmi les connaissances, je suis la connaissance d'Ishwara (le Seigneur suprême) qui est la meilleure. Parmi les éléments, je suis le ciel (l'éther, l'espace). Parmi les êtres vivants, je suis la Mort.

16. Parmi les pièges de l'existence, je suis l'illusion. Parmi les forces qui comptent, je suis le Temps. Parmi les états que l'on peut atteindre au cours des vies, je suis la libération uniquement. Parmi ce qui est suprême, je suis le Suprême des Seigneurs suprêmes.

17. Et tout ce qui existe en cet univers de supérieur par la splendeur ou par la force, est la manifestation de ma propre splendeur.

18. Vous devriez tous comprendre que tous les êtres entraînés dans le cycle des renaissances sont appelés les bêtes du troupeau. Je suis leur Maître et c'est pourquoi je suis appelé par les sages, le Berger, le Maître des bêtes du troupeau.

19. Dans mon jeu, je tiens captives ces bêtes au moyen de la corde de l'illusion. Je suis appelé par ceux qui connaissent les Védas, le libérateur des bêtes du troupeau.

20. Il n'y a pas d'autre libérateur pour ceux qui sont retenus captifs par la corde de l'illusion. Personne d'autre que moi, l'Atman suprême, l'Immortel Maître des bêtes.

21. Les vingt-quatre principes essentiels (Tattva, voir appendice 1), l'illusion, le karma (les actes qui créent les renaissances), les gunas (les trois facteurs qualitatifs de l'ordre naturel primordial : Sattvas, Rajas et Tamas[40]) : tels sont les lacets du Maître des bêtes du troupeau.

Et les cinq infirmités de l'âme : l'ignorance, l'égoïsme, le désir, l'aversion, l'attachement à l'existence retiennent captives les âmes du troupeau et créent la souffrance.

---

[40] Sattva, la pureté, la vérité, neutralité, bonté, équilibre. Rajas, l'énergie, les passions, impureté, la force, le désir, actif. Tamas, l'obscurité, les ténèbres, la lourdeur, l'inertie, passif. Suivant le domaine, on va considérer certains traits de ces gunas en particulier (par exemple en ayurvéda, en yoga, dans le bouddhisme…)

22.[41] Les sens internes (mental), l'intellect, le principe d'individuation (égo), le ciel (espace), l'air, le feu, l'eau, la terre (c'est-à-dire les cinq éléments). Tels sont les huit essences productrices premières. Après ceci viennent les autres transformations et productions de l'ordre naturel primordial :

23. Les oreilles, la peau, les yeux, la langue et en cinquième, le nez (les cinq organes de la perception), l'anus, les organes reproducteurs, les mains, les pieds, et, dixièmement, la langue (les cinq organes de l'action).

24. Le son, l'objet du toucher, la forme des choses, la saveur et l'odeur (c'est-à-dire les cinq éléments subtils). Tels sont les vingt-trois principes appartenant à l'ordre naturel primordial (Chap.3 ver.11 et voir note 21).

25. Le vingt-quatrième principe est l'ordre naturel primordial qui est la cause de tout l'univers, qui possède les trois facteurs qualificatifs (Sattva, Rajas, Tamas) et qui est sans commencement, sans milieu et sans fin.

---

[41] À partir d'ici sont cités les tattvas.

26. Les sages savent que l'ordre naturel primordial non manifesté, est l'état d'équilibre de ces trois facteurs qualitatifs (Sattva, Rajas, Tamas).

27. Sattva est la nature de la Connaissance et Tamas est la nature de l'ignorance. Les sages savent que le déséquilibre de ces facteurs provient du déséquilibre de l'intellect (de la sagesse).

28. Ce que l'on appelle le bien (le juste) et ce que l'on appelle le mal (l'injuste) sont les deux cordes (chaînes), connus sous le nom de karma (l'action qui produit les renaissances). Mais les actes qui me sont dédiés n'enchaînent pas, ils sont cause de libération.

29. Il y a cinq infirmités de l'âme : l'ignorance, l'égoïsme, le désir, l'aversion et l'attachement à l'existence. On les appelle aussi des cordes (chaînes) qui emprisonnent l'âme et créent la souffrance pendant une longue durée.

30. La cause de ces chaînes est appelée l'illusion (la maya). Ce pouvoir ou énergie, qui est non-manifesté et fait partie de la nature primordiale, se situe en moi.

31. Il est l'ordre naturel primordial, la cause première, le principe matériel et il est aussi l'Esprit. Il est les productions et les transformations de la nature primordiale. Il est l'intellect et les autres principes, lui, le Seigneur des Seigneurs, l'Éternel.

32. Il est le lien et celui qui fait le lien. Il est la corde, et il est celui (le berger) qui prend soin des bêtes du troupeau (des âmes). Il connaît tout et personne ne le connaît. Il est appelé l'Esprit primordial, antique.

Chapitre 8

Les moyens de traverser ce monde

Le Seigneur Shiva dit :

1. Ô excellents sages, je vais vous parler d'un autre savoir très secret, avec lequel l'être pourra traverser ce terrible océan qu'est le cycle de naissance et de mort, appelé le monde.

2. Je suis identique au Brahman (note chap.1 ver.3), je suis calme, éternel, pur, impérissable. Je suis appelé le Bienheureux, je suis l'unique Seigneur suprême.

3. Le grand Brahman est mon utérus. J'y dépose le fœtus que l'on appelle l'illusion primordiale. De cela, est né ce monde.

4. Le principe matériel, l'Atman, l'Intellect, le principe d'individuation, les éléments subtils, les sens internes, les grands éléments (eau, vent, feu, …) et les organes des sens sont nés de cet utérus.

5. De là est né un œuf d'or ayant l'éclat de dix millions de soleils. De cet œuf est né le grand dieu Brahma. C'est grâce à mon énergie divine qu'il est né.

6. Et les innombrables êtres vivants sont tous identiques à moi. Aveuglés par mon illusion, ils ne me voient pas, moi leur père.

7. Les sages savent que, quelles que soient les formes corporelles que les être prennent, leur source est l'illusion suprême. Et seuls les sages savent que je suis leur père.

8. Celui qui sait cela, sait que je suis le véritable père et puissant Seigneur, celui qui émet la semence. Celui-là, cet être sage, n'est pas aveuglé par tout cet univers.

9. Je suis le maître de tous les savoirs, Seigneur suprême de tous les êtres, j'ai la forme de la sainte syllabe Om, du bienheureux Dieu Brahma, le Seigneur des créatures.

10. Celui qui voit le Seigneur suprême qui demeure de manière égale et semblable dans tous les êtres et qui est impérissable, même s'il est présent dans de la matière périssable, celui-là seulement connait la vérité.

11. Voyant que le Seigneur demeure égal et semblable partout, il ne se fait pas de mal à lui-même avec lui-même (car en tous il voit le Seigneur et en lui-même aussi). Et c'est pourquoi il parvient à l'état suprême.

12. Celui qui connaît les sept principes subtils ainsi que le fantastique Dieu aux six membres et qui sait faire la distinction entre les principes de la matière et l'Atman, atteint le suprême Brahman (la suprême essence divine).

13. Omniscience, contentement, éternelle sagesse, indépendance, puissance inépuisable et puissance sans fin. Tels sont les six membres du suprême Seigneur.

14. Voici les sept principes subtils que les sages décrivent. Ce sont les éléments subtils du son, du toucher, de la forme, du goût et de l'odeur, le mental (les sens internes) et l'Atman. L'ordre naturel primordial en est la cause. Lui seul est la cause première du lien qui asservit les êtres ainsi que des obligations morales.

15. Dans les Védas, la cause de l'univers et du Dieu Brahma, est appelée énergie divine invisible qui se trouve dans l'ordre naturel primordial. En face de lui (de l'ordre naturel primordial) se trouve, seul, suprême, son Esprit, qui est né du Seigneur suprême et dont l'apparence est l'incarnation de la réalité.

16. Le Dieu unique est Brahman, le yogi, l'Atman suprême qui emplit le ciel, le Dieu antique, qui est les Védas, l'ancien et unique Rudra, la Mort, l'Être non-manifesté, le graine et le monde, le seul et unique Dieu.

17. Certains disent qu'il est unique, d'autres qu'il est multiple. Certains disent que c'est l'Atman (soi-même), d'autres disent que c'est quelqu'un d'autre. Le grand Dieu est dit plus petit qu'un atome, plus grand que tout ce qu'il y a de grand.

18. Celui qui connaît ce qui est caché dans la cave secrète de l'être, appelé le cœur, celui qui connait ce puissant, suprême, Maître, ancien Esprit, qui a la forme du monde et est fait d'or et qui est le but suprême des êtres sages, celui-là dépasse la sagesse (l'intellect) et atteint l'état suprême des sages.

Chapitre 9

La forme pure de Shiva

Les sages dirent :

1. Le Seigneur suprême est absolument sans impureté, sans action et éternel. Puisqu'il en est ainsi, explique-nous, ô grand Dieu, comment est-il possible que tu aies la forme de l'univers ?

Le Seigneur Ishwara dit :

2. Ô Rishis, je ne suis pas l'univers et pourtant l'univers n'existe pas sans moi. Tout ceci est dû à l'illusion. L'illusion n'est que la cause matérielle de l'univers, et c'est par moi qu'elle a été attachée à l'Atman.

3. L'illusion qui est l'énergie divine sans commencement ni fin et qui a pour but la manifestation de l'univers dépend du non-manifesté. C'est à cause d'elle seulement, que ce monde naît de l'être non-manifesté.

4. Les sages disent que le non-manifesté est la cause matérielle qui est la nature de la félicité et qui est lumière immortelle. Je suis, le Brahman suprême. Rien d'autre n'existe à part moi.

5. C'est pourquoi il a été conclu par ceux qui sont versés dans les textes sacrés, que dans l'unité et dans la multiplicité j'ai une forme universelle[42].

6. Je suis le Brahman suprême, l'Atman suprême, l'Âme éternelle. Ô Sages, vu que je ne suis pas la cause de l'univers, on ne peut attribuer aucune faute à l'Atman. Donc dans ce monde, quelles que soient les fautes (cruauté, inégalité, etc) qui sont vues, sont dues à l'homme et non à Dieu. L'Atman est donc sans défaut.

7. Dans ce qui est manifesté, de puissantes énergies infinies comme l'illusion existent. Au paradis, seul l'éternel et non manifesté brille de mille feux.

8. Ces énergies (dont l'illusion) une fois unies à moi l'être éternel Brahman, sans commencement ni fin, non divisé, produiront ce qui est divisé et pourtant sont aussi un tout.

9. Ce n'est pas un secret, on sait comment la prospérité d'un homme arrive grâce à une énergie et comment sa prospérité lui est enlevée grâce à une autre. L'âme de l'univers qui n'a pas de début ni de fin s'associe à l'ignorance (à l'illusion).

---

[42] Note du traducteur : Du point de vue de la matière, il est multiple ; mais en fait, il n'a qu'une seule forme.

C'est par la connaissance que l'être dirige son activité vers Celui qui n'a ni commencement, ni milieu, ni fin.

10. Cet être non-manifesté suprême, entouré d'une superbe auréole de splendeur, est la suprême lumière impérissable, c'est l'état suprême de Vishnou.

11. C'est en Lui que tout cet univers est tissé dans un sens et dans l'autre. C'est en Lui que l'univers est immergé et dans lequel il repose. C'est en le connaissant, Lui, que l'être obtient la libération.

12. Brahman est l'entité que les paroles unies à la raison ne peuvent atteindre car elles reviennent sans l'avoir atteint. Celui qui connaît la joie de Brahman, n'expérimente plus aucune peur quel que soit l'endroit où il est.

13. Je connais ce grand Esprit libre de la noirceur et qui a la couleur du soleil. En le connaissant, le sage sera libéré et sera uni au suprême Brahman. Il obtiendra l'éternelle félicité.

14. Parmi les lumières des lumières qui se trouvent dans le ciel, il n'y a rien qui soit supérieur à Lui et rien qui soit différent de Lui. Celui qui considère que son propre Atman (son âme) est cette lumière et qui sait qu'il en est ainsi, celui-là, possède la félicité de l'Atman et est uni avec Brahman.

15. Les sages unis à Brahman me décrivent comme cet être éternel, impénétrable, dont le corps est invisible, qui possède la félicité de l'absorption dans le Brahman et qui a le monde comme demeure. Après avoir connu cette union l'être ne revient plus, il est libéré.

16. Avec ce savoir, les sages unis à Lui, Le décrivent comme l'Être qui, dans le ciel d'or dont l'espace suprême est l'essence, apparaît comme une flamme. Ils le voient comme leur propre Suprême Sagesse, demeure du paradis, qui resplendit et est pure.

17. Alors les sages expérimentent l'Atman suprême dans leur propre Atman encore et encore et voient l'Être suprême qui est lumineux. C'est le Maître, le Dieu suprême, le Seigneur bienheureux, qui possède la félicité du Brahman, le Seigneur Shiva.

18. Il y a un Dieu, qui se tient caché dans l'âme (l'Atman) de tous les êtres, c'est le Dieu qui pénètre tout l'univers. Les sages qui voient ce Dieu unique, obtiennent la paix constante. Cette paix n'est pas obtenue par les autres.

19. Ce Seigneur omnipotent a la tête, le visage et la nuque dans toutes les directions. Il est présent dans la cave secrète de tous les êtres qui est appelée le cœur. À part Lui, il n'y a rien d'autre à attendre ou à chercher.

20. Ainsi, excellents Rishis, je vous ai exposé ce savoir se rapportant au Seigneur Ishwara. Ce savoir devrait être gardé secret et même les yogis parviennent difficilement à le découvrir.

Chapitre 10

La forme du Brahman suprême

Le Seigneur Ishwara dit :

1. Le Brahman est sans marque définissable (linga), il est unique, il est une lumière brillante par elle-même, il est le principe suprême et premier, il demeure dans l'espace suprême. Il est le linga[43] (la marque) de l'être non-manifesté.

2. Celui qui est sans aucun attribut, qui est la cause essentielle de la demeure suprême, qui est immortel, Il est connaissance parfaite. Les sages qui voient cela, voient cet état suprême.

3. Les textes sacrés (Védas) disent que ceux qui vivent en Brahman et qui se sont identifiés à cet état suprême, ont une détermination calme et voient le Brahman suprême qui est le linga (la marque).

4. Ô excellents sages, il n'est pas possible de me voir d'une autre manière. Car il n'existe pas de savoir par lequel on pourrait connaître le Suprême.

5. Seuls les sages ont connaissance de ce savoir suprême. Tout le reste est ignorance car l'univers entier est fait de l'illusion.

---

[43] Note du traducteur : il y a un jeu de mot dans le texte original entre linga – la marque – et linga – le symbole phallique du Dieu Shiva. Brahman est donc sans marque mais il est aussi le linga de Shiva.

6. Cette connaissance est subtile, pure, sans aucun doute et immortelle. Les sages disent qu'il est mon âme (mon Atman).

7. Ceux qui voient l'Être suprême dans toutes les formes multiples parviennent aussi, avec une grande dévotion, à la connaissance unique suprême. Ils voient alors le suprême en tout.

8. Ceux qui voient l'Être suprême Ishwara comme un ou multiple, eux aussi me voient avec plein de dévotion. Grâce à cela, c'est avec le Seigneur, avec moi, Brahman, qu'ils seront aussi identifiés.

9. Ils visualisent clairement leur Atman comme le Seigneur suprême Ishwara, qui est félicité éternelle, qui est connaissance libre de doute, qui est vérité et la vraie nature. Voilà ce qui est la véritable vérité.

10. Les sages qui sont établis dans leur propre Atman, le cœur apaisé, jouissent de la félicité suprême qui pénètre tout, qui est identique à l'univers et identique à Brahman.

11. Ceci est la libération suprême, c'est l'union suprême avec moi, le nirvana, l'union absolue, l'union avec Brahman. Les sages le savent.

12. Donc c'est Être sans commencement, ni milieu, ni fin, l'Unique, le Suprême, c'est le Seigneur Shiva, le grand Dieu (Mahadeva). Quand on le connaît, on obtient la libération.

13. Alors dans cette ultime réalité, ni le soleil, ni la lune, ni les étoiles, ni l'éclair, ni le feu, ne brillent. Seule sa lumière à Lui illumine l'univers entier. Et sa lumière, immortelle, pure et inébranlable est présente en tout.

14. Il est ce qui est le Tout, indivisible, qui est grand, pur, immuable et suprême. Ce qui se développe toujours avec la connaissance et ce qui brille. C'est en cela que ceux qui connaissent Brahman, voient éternellement le principe inébranlable qui est le Seigneur Shiva.

15. Tous les Védas disent que l'Esprit suprême est félicité éternelle, qu'Il est immortel, que sa nature est vérité et pureté. Ceux qui sont arrivés à approfondir les Védas, méditent sur les souffles vitaux grâce à la sainte syllabe om. Ils méditent en fait sur le Seigneur.

16. Au milieu de l'espace suprême, il n'y a ni terre, ni eau, ni mental, ni feu, ni souffle vital, ni air, ni espace, ni intellect, ni aucune autre chose de vivante. Dans cet espace, seul le Dieu Shiva resplendit.

17. Ce suprême secret qui est l'essence de la connaissance et qui est caché dans tous les Védas vous a été dévoilé. Seul le yogi qui pratique sans cesse le yoga dans un lieu solitaire et qui a les sens domptés comprend cette connaissance suprême.

Chapitre 11

La voie de la libération

Le Seigneur Ishwara dit :

1. Maintenant je vais vous parler du yoga extrêmement difficile à atteindre, avec lequel les yogis voient leur Atman comme le Seigneur, resplendissant comme le soleil.

2. Le feu du yoga [44] brûle instantanément et complètement la cage du péché (le cycle de mort et naissance). Juste après naît la connaissance pure, qui va immédiatement vous donner le nirvana (la libération complète) ainsi que les pouvoirs qui vont avec.

3. Du yoga naît la connaissance et de la connaissance apparaît le yoga. Le Seigneur Shiva accorde sa bienveillance à l'homme qui a le yoga et la connaissance.

4. Ceux qui pratiquent avec succès le yoga suprême (maha yoga) une seule fois, deux fois, trois fois, ou tout le temps, doivent être considérés comme des maheshwaras (comme des grands seigneurs)[45].

---

[44] Note du traducteur : le mot yoga est utilisé de différentes manières. À certains moments, il est la méthode qui mène à l'union. Et à d'autres moments, il est aussi l'union. Ici, la pratique est l'union. S'il n'y a pas d'union, il n'y a pas de pratique.
[45] Note du traducteur : celui qui prend Shiva comme objet de méditation, devient Shiva.

5. Mais il faut savoir qu'il y a deux sortes de yoga. Le premier est appelé le yoga de la non-existence (abhava). Mais l'autre, le yoga suprême (le maha yoga) est le meilleur de tous les yogas.

6. On appelle yoga de la non-existence (abhava) celui avec lequel le yogi voit l'Atman, en considérant sa nature propre comme étant vide et dépourvue de toute apparence. Par cette pratique, il voit son propre Atman.

7. Le yoga dans lequel il y a la félicité pure et éternelle et dans lequel il voit l'Atman. Et le yoga qui amène à l'état où le yogi ne fait qu'un avec moi, le Seigneur, ce yoga, est le yoga suprême du Suprême Ishwara.

8. Dans les textes, tous les autres yogas des yogis qui y sont décrits, ne valent pas la seizième partie du yoga qui a pour objet le Brahman.

9. Le yoga par lequel les yogis délivrés voient immédiatement que la forme du monde est le Seigneur Ishwara, est considéré comme le yoga suprême parmi tous les yogas.

10. Mais ces centaines et milliers de yogis qui ont domptés leurs pensées grâce à leurs centaines et milliers de pratiques, s'ils ont rejeté le Seigneur, ne voient pas que je suis l'être unique.

11. Ô excellents sages, le contrôle de la respiration (pranayama), la méditation (dhyana), l'exercice de respiration qui consiste à empêcher les sens de s'attacher aux objets extérieurs (pratyahara), la concentration de la pensée (dhâranâ), la contemplation extatique (samadhi), le code de conduite en communautés (ou discipline morale appelée yama), le code de conduite personnelle (niyama) et la manière de s'asseoir pour méditer (asana), tels sont les neuf composantes du yoga.

12. Le yoga est le fait de fixer son mental sur moi et sur aucun autre objet. Il est donc fait de neuf parties.

13. La non-violence, la sincérité, ne pas voler, l'absence de pratique sexuelle (le contrôle des sens) et ne rien posséder, tel est, en résumé, le code de conduite en communauté (yama) qui permet la pureté du mental des êtres.

14. Les suprêmes Rishis ont appelé non-violence (ahimsa) la vertu qui consiste à ne jamais causer de tort à aucun être vivant par l'action, par la pensée ou par la parole.

15. Il n'y a pas de meilleure vertu que la non-violence. Il n'y a pas de bonheur supérieur à la non-violence. Mais il faut noter que la violence comme décrite dans les Védas est considérée comme non-violence.

16. Par la sincérité, la vérité (satya), on obtient tout. Par la vérité tout est maintenu et tout est établi par la vérité. Ceux qui connaissent les Védas ont appelé sincérité, la vertu qui consiste à parler toujours conformément à ce qui est.

17. S'emparer du bien d'autrui par le vol ou par la violence, c'est voler. Ne pas faire cela (asteya), c'est pratiquer la vertu essentielle à l'accomplissement de l'ordre naturel.

18. On appelle chasteté (brahmacharya) le renoncement à toute acte sexuel soit en action, soit en pensée, soit en parole, en tout temps, toutes circonstances et partout.

19. On appelle ne rien posséder (pratyahara), la vertu qui consiste à ne pas accepter de richesses, et cela volontairement, même lorsqu'on est dans la misère. Cela devrait être pratiqué avec effort.

20. L'ascétisme, la récitation des textes sacrés (svadhyaya), la vertu qui consiste à se contenter de peu (le contentement, samtosa), la pureté (sauça) et l'adoration du Seigneur (Ishwarapujana), tel est, en résumé, le code de conduite personnel (niyama), qui procure le succès du yoga.

21. Les ascètes disent que l'ascétisme (tapas) suprême consiste à dessécher le corps par des jeûnes tels que le jeûne prolongé pendant douze jours et douze nuits, et par des mortifications telles que la diète réglée d'après les phases de la lune, etc.

22. Les sages appellent la récitation des textes sacrés (svadhyaya) la récitation des Upanisads, la prière adressée à Rudra aux cent aspects, la récitation de la sainte syllabe om ou un mantra. Toutes ces répétitions produiront une purification dans les êtres ainsi que la fermeté et la félicité.

23. Il y a trois sortes de récitation des textes sacrés (svadhyaya) : la récitation audible, la récitation inaudible et la récitation mentale. Ceux qui connaissent le sens des Védas, ont expliqué que la récitation inaudible est supérieure à la récitation audible et que la récitation mentale est supérieure à la récitation inaudible.

24. Quand des personnes vous écoutent et qu'elles comprennent et distinguent les mots clairement, c'est ce qu'on appelle la récitation audible. Voici maintenant ce qu'est la récitation inaudible :

25. La vibration de la récitation ne se trouve que dans le mouvement des lèvres et elle ne produit pas chez les autres la compréhension et la distinction des mots. Telle est la définition de la récitation inaudible. Elle est mille fois supérieure à la récitation audible.

26. On appelle récitation mentale celle qui consiste à penser à tous les mots sans aucune vibration dans les lèvres. Seul le mental est concentré sur les mots.

27. Les grands sages ont appelé le contentement (samtosa) l'excellente vertu qui consiste à penser que ce que la chance a donné à l'homme doit lui suffire. Elle se caractérise par le bonheur.

28. Ô sages des Védas, la pureté (sauça) est de deux sortes : pureté extérieure et pureté intérieure. On appelle pureté extérieure celle que l'on obtient par l'usage de la terre[46] et de l'eau. Et ce qu'on appelle la pureté intérieure est la pureté du mental.

29. L'adoration du Seigneur Shiva qui consiste à l'adorer constamment en lui adressant des chants de louange et de pieuses pensées ainsi qu'à l'adorer par la parole, par la pensée et par l'action est appelé l'adoration du Seigneur Ishwara (Ishwarapujana).

---

[46] Note du traducteur : se purifier grâce à la terre se réfère à l'application de cendre comme le font les saddhus en Inde

30. Le code de conduite en société (yamas) et le code de conduite personnel (niyamas) vous ont maintenant été exposés. Je vais vous parler de ce qu'est le contrôle de la respiration (pranayama). Le souffle vital (prana) est le vent né du corps. Le contrôle de la respiration consiste à retenir ce souffle.

31. Le contrôle du souffle (pranayama) est désigné de trois manières différentes selon qu'il est supérieur, inférieur, moyen. Et il est dit de deux sortes : fécond et stérile.

32. La rétention inférieure du souffle est de douze matras (temps que l'on met pour chanter douze fois la syllabe Om), la rétention moyenne est de vingt-quatre matras et la rétention supérieure est de trente-six matras.

33. Dans les pranayamas, la rétention inférieure produit la transpiration, la rétention moyenne produit le tremblement et la rétention supérieure produit la cessation de la respiration. À travers cette pratique, la connaissance de la vérité (qui est union avec le Seigneur) et une joie illimitée sont expérimentées.

34. Ce yoga du contrôle du souffle avec récitation est appelé fécond et celui sans récitation a été défini comme stérile. Les sages ont décrit le contrôle du souffle (pranayama) des yogis de cette manière.

35. Quand, retenant son souffle, le yogi récite mentalement trois fois le gayatri mantra[47] composé des noms mystiques des mondes, de la sainte syllabe Om et accompagnée du vyahrti (oṃ bhuvaḥ svaḥ), alors c'est vraiment le contrôle du souffle fécond.

36. Dans tous les traités, les yogis qui ont dompté leur mental décrivent le contrôle du souffle comme expiration (recaka), inspiration (pûraka) et rétention (kumbhaka).

37. L'expiration est le souffle qui se dirige vers le dehors de manière continue, une fois qu'elle s'arrête arrive l'inspiration. On appelle rétention l'état d'équilibre entre les deux.

38. Ô sages vertueux, le fait de maîtriser les sens, qui se dirigent de toutes parts vers les objets extérieurs est appelé pratyhara (ne pas s'attacher aux objets extérieur).

39. La concentration de la pensée (dharana) consiste à fixer son mental sur le lotus du cœur, ou sur le nombril, sur la tête, sur un des membres, sur le crâne, ou en d'autre endroit du corps.

---

[47] Gayatri mantra : oṃ bhur bhuvaḥ svaḥ tat savitur vareṇyaṃ bhargo devasya dhimahi dhiyo yo naḥ pracodayat. Om, Terre, Cieux et Eau, Que l'excellent Soleil, Brillant, divin et pieux, Nous aide à méditer sur nos intellects galopants.

40. Les sages appellent méditation (dhyana) la concentration continue de l'activité de la pensée fixée à un endroit particulier, une partie du corps et qui ne se laisse pas distraire par d'autre objet.

41. La perception d'une seule forme et pas une autre est ce qu'on appelle la contemplation extatique (samadhi) [48] , sans aucune conscience de l'environnement. Il ne reste que la chose sur laquelle on médite qui est expérimentée. C'est là le suprême commandement du yoga.

42. Il est dit que la durée de la concentration de la pensée (dharana) équivaut à douze contrôles du souffle (pranayama). La méditation (dhyana) est l'équivalent de douze concentrations de la pensée (dharana). Et la contemplation extatique (samadhi) est une période de douze méditations (dhyana).

43. Il y a trois types de manière de s'asseoir pour méditer (asana) qui sont svastikasana , padmasana et ardhasana. Et de toutes les manières de faire, celles-ci sont les meilleurs.

[48] Note du traducteur : le mental et l'objet ne sont plus qu'une et même chose

44. Ô sages, l'excellent asana appelé padmasana (lotus), consiste à s'asseoir en plaçant les plantes des pieds au-dessus des cuisses. C'est la meilleure posture.

45. Ô sages les plus vertueux, l'ardhasana (le demi-lotus), consiste à s'asseoir en appuyant un des pieds contre une des cuisses. C'est une excellente posture à prendre pour arriver au but du yoga.

46. Quand on s'assoit avec le dessous des pieds sous les genoux et la cuisse, cette posture est appelée l'excellente svastikasana (en tailleur).

47. La perception du yoga n'est pas possible si le lieu et le temps ne sont pas appropriés. À proximité d'un feu, ou dans l'eau, ou sur un tas de feuilles séchées,

48. dans un lieu plein d'animaux, dans un cimetière, dans une vieille étable en ruine, à un carrefour, dans un lieu bruyant ou dangereux, dans un lieu plein de monuments funéraires ou de fourmilières,

49. dans un lieu désagréable ou fréquenté par des gens méchants, dans un lieu où il y a des moustiques et d'autres insectes du même genre, dans un lieu où le corps peut être incommodé ou quand le corps est malade et quand le mental est de mauvaise humeur, dans ces lieux, le yoga ne devrait pas être pratiqué.

50. C'est dans un endroit bien caché (isolé) et beau, dans la grotte d'une montagne, au bord d'une rivière, en un lieu sacré, dans un temple de Dieu,

51. dans une belle maison vide, dans un bel endroit désert et sans insectes, qu'il faut que le yogi pratique le yoga de manière continue et pense à moi constamment.

52. Le yogi devrait se prosterner devant le roi des yogis et ses disciples, devant le Dieu Ganesh et son maître, devant moi-même, le suprême Seigneur. Et ensuite seulement le yogi devrait se concentrer dans le plus grand recueillement et pratiquer le yoga.

53. Le yogi devrait s'asseoir dans svastikasana, padmasana ou ardhasana avec les yeux mi-ouverts fixant son regard sur la pointe de son nez.

54. Il doit alors être sans crainte et être calme, sans aucune pensée pour le monde qui est illusion. Il devrait se concentrer sur le Seigneur suprême qui réside en son âme.

55. À l'extrémité de son crâne, dans un espace de douze doigts (26cm), il devrait visualiser un splendide lotus blanc, qui a la vertu comme racine et la connaissance comme tige.

56. Il devrait visualiser un lotus qui a huit pétales qui sont les huit pouvoirs surhumains et dont le péricarpe du fruit est le renoncement et dans ce réceptacle il devrait visualiser le suprême fruit d'or.

57. Ce suprême fruit d'or est constitué de toutes les énergies puissantes et divines, qui est impérissable, exprimé par la sainte syllabe om, qui est non manifesté et qui resplendit de rayons et de flammes.

58. Que dans ce suprême fruit d'or, il fixe sa pensée sur la suprême lumière immaculée, qui est impérissable. Dans cette lumière, il identifie son âme avec le Seigneur.

59. Il médite sur le Seigneur qui est le milieu du ciel et qui est la cause suprême de tout. Pour finir, s'étant identifié avec l'Atman qui pénètre tout, qu'il ne pense plus à rien.

60. C'est une méditation très secrète. Et voici maintenant une autre méditation qui va être expliquée. Comme expliqué plus haut, le yogi devrait visualiser un lotus suprême dans son cœur.

61. Au milieu de ce lotus, le yogi se représente son Atman, l'Esprit suprême, le vingt-cinquième principe, ayant l'éclat du feu et ayant l'apparence d'une flamme.

62. Il visualise l'Atman suprême pur comme le firmament. C'est le principe dont l'expression est la sainte syllabe om et qui est éternel, toujours favorable.

63. Méditez sur cette forme qui est l'être non-manifesté, plongé dans l'ordre naturel primordial, qui est grande et excellente, qui est la suprême lumière, qui est le principe suprême, le principe immaculé qui est la base de l'Atman.

64. Cette forme qui est le Seigneur suprême, pur, qui purifie tous les principes grâce à la sainte syllabe om,

65. Après avoir mis son âme en moi, la demeure suprême et après avoir baigné son corps dans cette eau que l'on appelle connaissance,

66. S'identifiant à mon âme, le mental absorbé en moi, prenant de la cendre des sacrifices à Agni (le feu) et chantant les hymnes sacrés de Agni (commençant par le mot feu, voir le Atharvasiras Unpanishad), saupoudrant tous les membres de son corps, le yogi médite sur Isana[49] qui est la nature de la lumière suprême apparaissant sous sa forme véritable, dans son propre Atman.

---

[49] Isana : Déité de la culture indienne qui est considéré comme une des formes de Shiva dans l'hindouisme

67. Ce yoga est appelé pasupata et a pour but la libération de l'âme (la bête du troupeau), de la corde qui l'enchaîne. Les Védas stipulent que ce chemin est l'essence de toutes les Upanishads[50] et est supérieur, dit le texte sacré, aux quatre stades de la vie (asramas[51]).

68. C'est le plus haut des secrets, qui procure à l'âme l'union avec moi et qui est enseigné aux lettrés des Védas, aux dévots ainsi qu'à ceux qui sont chastes.

69. La chasteté, la non-violence, la patience, le pardon, la pureté, l'ascétisme, la maîtrise du mental et des sens, le contentement, la sincérité, la foi (en Dieu, dans les Védas, etc) sont les différents éléments du vœu religieux.

70. En l'absence d'un seul de ces éléments, le vœu religieux du yogi est rompu. C'est pourquoi il faut que le yogi qui se soumet au vœu religieux pour moi, soit doté des qualités de l'âme.

---

[50] Upanishads : littéralement, venir s'asseoir respectueusement au pied du maître pour écouter son enseignement. C'est un ensemble de textes philosophiques qui forment la base théorique de la religion hindoue

[51] Asramas : les quatre stades de la vie sont : la vie d'étudiant (0-25 ans), la vie de personne mariée (25-48 ans), le retraité dans la forêt (48-72 ans), le renonçant au monde (72-… ans)

71. Les personnes qui sont libres des désirs, qui sont sans crainte et sans colère, qui sont absorbées immensément, qui viennent à moi pour les aider et ceux qui sont unis à mon essence sont purifiés par ce yoga.

72. Qui que ce soit et quelle que soit la voie avec laquelle ils viennent à moi, je les accepte tous. C'est pourquoi il faut que l'on m'adore, moi le suprême Seigneur, grâce à ce yoga de la connaissance (jnana yoga).

73. Ou bien il faut que, le cœur pur, l'esprit lié à la sagesse (éveillé), on m'adore sans cesse, grâce au yoga de la dévotion (bhakti yoga), le suprême renoncement.

74. C 'est en renonçant au fruit de toutes les actions que, ne vivant que d'aumônes, ne possédant rien, le yogi obtient l'union avec moi. Tel est le secret que j'ai révélé.

75. Celui qui n'a de haine pour aucun être et qui est amical, compatissant et bienveillant envers tous les êtres, celui qui est désintéressé, sans égo, ce dévot-là m'est cher.

76. Ce yogi qui est toujours satisfait de ce qu'il a, qui contrôle son mental et dont la résolution est ferme, celui qui m'a abandonné son mental et son intelligence, celui qui m'aime, celui-là m'est cher.

77. Celui qui ne fait pas de mal aux êtres du monde et celui à qui le monde ne fait pas mal, celui qui a dépassé l'allégresse, la colère, la peur, l'agitation, celui-là m'est cher.

78. Celui qui n'a pas d'attente, qui est honnête (pur), intelligent, compétent, libre de désirs, qui n'est pas égocentrique, celui qui est libre de la douleur même face à la tristesse, celui qui a renoncé aux actions de ce monde, celui qui s'abandonne uniquement à moi, celui-là m'est cher.

79. Celui qui regarde le blâme et la louange de manière égale, qui est silencieux, satisfait de quoi que ce soit, qui est sans maison, qui a l'esprit stable, ce dévot-là m'atteindra.

80. Accomplissant, toujours, toutes ses actions en pensant à moi. Par ma grâce, il atteint l'état éternel et suprême.

81. Celui qui m'offre mentalement le fruit de toutes ses actions (krama yoga, la voie de l'action) et me considérant comme le but suprême, ayant renoncé à tous désirs terrestres et à tout égoïsme, il s'abandonne uniquement en moi.

82. Celui qui est toujours satisfait de ce qu'il a, sans appui (à part le support du Seigneur), celui qui quand il s'engage dans une action n'a aucun attachement aux fruits de celle-ci. Et quand il s'engage dans une action, il n'est pas affecté ou enchaîné par elle.

83. Celui qui est libre de désir, qui a dompté sa pensée et son Atman, ayant renoncé à toute possession, n'accomplissant que les actes nécessaires à la vie du corps, il atteint l'état suprême.

84. Celui qui se satisfait de ce que le hasard lui a accordé, indifférent aux sensations dualistes[52], celui qui n'agit que pour obtenir ma grâce, ces actes-là détruisent ce monde d'illusions (le cycle des naissances et morts).

---

[52] Note du traducteur : froid et chaud, plaisir et douleur, profit et perte, succès et échec, etc.

85. Le mental absorbé en moi, celui qui se prosterne face à moi, qui me vénère, me fait des sacrifices, me considérant comme le but suprême, sachant que c'est moi qui suis le Seigneur suprême, ce grand yogi arrivera à moi.

86. C 'est moi que les sages ont appelé la lumière suprême. Les dévots qui ont l'intellect absorbé en moi et qui parlent de moi sans cesse entre eux, ils obtiendront l'union avec moi.

87. Pour ceux qui, sans arrêt, font l'effort de la disciple du yoga, je détruis les ténèbres de l'illusion grâce au resplendissant flambeau de la connaissance. L'acte qui appartient au domaine de l'illusion devient purement sattvique (pur).

88. Je prends soin du bien-être de ceux qui pratiquent continuellement le yoga, de ceux qui fixent leurs pensées sur moi et m'adorent sans cesse dans ce monde.

89. Quant aux autres qui offrent des sacrifices à d'autres divinités, en ayant pour but la jouissance des plaisirs, ils recevront la récompense de leurs actions en fonction de la divinité à laquelle ils offrent leurs sacrifices. Mais la récompense de leurs actions ne dépasse jamais cette jouissance.

90. Mais quand les dévots d'autres dieux les adorent dans ce monde en les percevant comme étant moi, alors eux aussi obtiennent la libération.

91. C'est pourquoi il faut abandonner complètement les autres dieux, qui sont des dieux périssables et chercher refuge en moi, qui suis le Seigneur. Alors il parvient à la demeure suprême.

92. Il doit renoncer à l'affection qui l'attachait à ses fils et à d'autres êtres. Il doit s'écarter des soucis et ne rien posséder. Il vénère le Seigneur suprême dans la forme du linga (symbole phallique de Shiva) jusqu'à la mort.

93. À ceux qui vénèrent sans cesse le linga et qui renoncent complètement aux jouissances de ce monde, j'accorde l'état suprême en une seule vie.

94. Le linga qui est l'unique vérité, qui est l'essence de la félicité suprême, qui est pur, symbole de l'Atman suprême, qui est connaissance et qui pénètre tout, habite toujours dans le cœur des yogis.

95. Et ceux qui ont dompté leurs sens en pratiquant de la manière dont il a été dit, c'est partout qu'ils visualiseront ce linga et qu'ils adoreront ce linga qui est le suprême Seigneur.

96. On peut méditer sur le linga, symbole du Seigneur, étant dans l'eau, dans le feu, dans le ciel, dans le soleil, dans une perle, ou dans quelque autre objet ou endroit.

97. Tout ce monde est fait entièrement du linga. Tout l'univers est établi dans le linga. C'est pourquoi dans ce linga il faut adorer le Seigneur partout et toujours.

98. Pour ceux qui font des rituels, le linga est dans le feu sacré. Pour ceux qui ont une connaissance avancée du Brahman, le linga est dans l'eau, dans le ciel, dans le soleil. Pour les ignorants, dans un morceau de bois ou dans d'autres objets comparables. Mais pour les yogis, le linga est dans leur propre cœur.

99. Si la sagesse n'est pas encore née en lui, le dévot devrait se plonger dans la méditation, être détaché des choses de ce monde, être plein de bienveillance envers tous les êtres et répéter toute sa vie la sainte syllabe om, qui est l'essence de Brahman.

100. Ou bien vivant en solitaire, domptant sa pensée et son Atman, qu'il récite, jusqu'à sa mort le satarudriya (la prière adressée à Rudra aux cent aspects que l'on retrouve dans le Yajur Véda). Ainsi il atteindra l'état suprême.

101. Ou bien qu'il vive jusqu'à sa mort à Varanasi (Bénarès), l'esprit concentré. Ainsi lui aussi, par la grâce du Seigneur, il atteindra l'état suprême.

102. Là (à Varanasi), à l'heure de la mort, Dieu accorde à tous les êtres la connaissance suprême par laquelle l'âme est délivrée du lien (qui l'enchaine à ce monde).

103. Si le dévot accomplit tous les devoirs de sa caste et tous les devoirs des asramas (voir chap.11 ver. 67, les devoirs des différentes étapes de la vie de l'homme), il obtiendra dans cette vie la connaissance et atteindra l'état de Shiva.

104. Ô sages, tous ceux qui, en ce monde, habitent là (à Varanasi), même les hommes de basse naissance, passeront au-delà des liens de ce monde par la grâce du Seigneur.

105. Ô sages, en ce monde il y aura des obstacles pour ceux dont l'esprit est en proie au péché. Pour en être libéré, il faut suivre la vertu.

106. C'est le secret des Védas, il ne faut pas le divulguer à n'importe qui. Il faut le confier à l'homme vertueux, au dévot qui observe la chasteté et se consacre à l'étude de la connaissance sacrée.

Vyasa dit:

107. Après avoir exposé ainsi le yoga suprême, le Seigneur Shiva parla à Narayana (Vishnou), le dieu toujours prospère, qui était resté assis à côté de lui avec un esprit tranquille :

108. J'ai expliqué cette connaissance pour le salut de ceux qui sont versés dans les textes sacrés. Cette précieuse connaissance devrait être partagée avec tes disciples dont le mental est calme.

109. Ayant parlé ainsi, Celui qui n'a pas eu de naissance expliqua son intention aux rois des yogis, pour le salut de tous les deux-fois-nés (Brahmanes, kshatriyas ou vaishyas) qui sont dévots. Ô vous les meilleurs des deux fois-nés :

110. Pour leurs biens, en suivant ma parole, vous enseignerez cette connaissance dont je suis l'objet, à tous vos disciples qui sont dévots de la manière qu'il convient.

111. Narayana (Vishnou) ici présent est le Seigneur (Shiva). Il n'y a pas de doute. C'est à ceux qui ne voient pas de différence entre nous qu'il faut confier cette connaissance suprême.

112. Ceci est ma forme suprême que l'on appelle Narayana. Cette forme paisible réside dans tous les êtres et est l'Atman de tous les êtres. Cette forme est indestructible.

113. Ceux qui me voient différent de lui, en ce monde, cultivent la dualité, ceux-là ne peuvent pas me voir. Ils renaissent sans cesse.

114. Mais ceux qui voient que Vishnou, l'Être non-manifesté et moi, le Seigneur suprême, nous ne faisons qu'un, ceux-là ne renaissent pas. Ils atteignent la libération.

115. C'est pourquoi il faut que vous considériez Vishnou, qui n'a ni commencement ni fin, qui est l'Atman impérissable, comme étant moi et que vous le vénériez comme tel.

116. Ceux qui pensent autrement et croient que Vishnou est un Dieu différent, ceux-là vont dans les terribles enfers. Je ne demeure pas en eux.

117. Mais, qu'il soit ignorant, lettré, un homme instruit des Védas ou un homme de la plus basse classe (un homme qui fait sa cuisine avec de la viande de chien), je donne la libération à celui qui prend refuge en moi. Mais pas à celui qui méprise Narayana (Vishnou).

118. C'est pourquoi il faut que mes dévots prient et vénèrent ce grand yogi. Il faut qu'ils se prosternent aussi devant Vishnou, cet esprit suprême, afin de me faire plaisir.

119. Après avoir parlé ainsi et avoir embrassé Vasudeva (Vishnou), le Dieu Shiva, armé du trident, disparut aux yeux de tous.

120. Ensuite le bienheureux Narayana (Vishnou), reprit son excellente apparence d'ascète. Ayant donc abandonné son suprême aspect divin, il dit à tous les yogis :

121. Par la grâce du Seigneur suprême Shiva, vous avez acquis la connaissance pure qui détruit ce monde (les liens de ce monde). Clairement, vous avez atteint la connaissance du Seigneur suprême.

122. Ô rois des sages, vous êtes libérés de toute peine, allez et répandez la connaissance du Seigneur suprême à vos disciples vertueux.

123. Il faut faire connaître cette connaissance du Seigneur à l'homme dévot dont le cœur est calme, à l'homme vertueux qui entretient le feu sacré dans sa maison. Cette connaissance d'Ishwara devrait être donnée particulièrement à ceux qui ont étudié les Védas.

124. Après avoir parlé ainsi, Narayana (Vishnou), le grand yogi, l'âme de 1'univers, celui qui connait le mieux le yoga parmi tous les yogis, disparut.

125. Et les sages, ayant rendu hommage au Seigneur suprême, maître des dieux et à Narayana, celui qui est l'origine des êtres, regagnèrent leur demeure.

126. Le grand sage Sanatkumara, enseigna cette connaissance d'Ishwaraour à Sanivarta. Qui à son tour la donna à Satyavrata.

127. Le roi des yogis Sanandana, l'enseigna au grand sage Pulaha et Pulaha, seigneur des créatures, l'enseigna à Gautama.

128. Angiras l'enseigna à Bharadvaja, le sage versé dans la connaissance des Védas. Kapila l'enseigna à Jaigishavaya et à Panchashikha.

129. Mon père Parasara, celui qui a la faculté de voir l'essence réelle de toute chose, reçut cette science suprême de Sanaka. Et c'est à Valmiki qu'il l'enseigna.

130. Dans les temps anciens, le grand yogi Vamadeva, le Rudra qui porte l'arc pinaka (l'arc de Shiva), le divin Vamadeva, qui est né du corps de Sati et du corps de Bhava, me l'a enseignée, à moi.

131. Le Seigneur Narayana aussi, le Seigneur Vishnou, le fils de Devaki (Seigneur Krishna), a enseigné lui-même cette science suprême à Arjuna[53].

132. C'est depuis que j'ai reçu cette connaissance suprême de Rudra Vamadeva, qu'est née ma dévotion particulière à Shiva.

133. J'ai pris refuge tout particulièrement en Rudra, celui qui est le protecteur de tous ceux qui viennent vers lui cherchant protection. Celui qui est le maître des êtres, celui qui réside dans les montagnes, le Dieu immobile, le Dieu des dieux, le Dieu qui a pour arme le trident.

134. Et vous aussi, avec vos épouses et vos fils, implorez la protection du Dieu Shiva, la protection du Dieu ravissant qui a pour monture un taureau.

135. Avec sa grâce, pratiquez le karma yoga (le yoga de l'action, sans attendre de résultat). Adorez Shankara (le Bienfaisant) qui est aussi Mahadeva (Shiva, le grand dieu) qui porte les cendres et Gopati (le berger) ou le maitre des organes des sens.

[53] Note du traducteur : référence ici à la Bhagavad Gita

136. Ayant entendu cela, Saunaka et les autres sages rendirent hommage au suprême Seigneur Shiva, au dieu ancien, éternel et inébranlable. Il saluèrent aussi Vyasa, fils de Satyavati.

137. Le cœur joyeux, ils répondirent à Vyâsa, puissant Krishnadvaipayana (Vyâsa), qui apparaissait à la foi comme Vishnou et tel Shiva, le suprême Seigneur du monde :

138. Grâce à toi, maintenant, naît dans notre cœur l'inébranlable dévotion en Shiva le dieu protecteur qui a pour emblème le taureau. L'inébranlable dévotion que les dieux eux-mêmes ont difficulté à obtenir.

139. Ô toi le meilleur des sages, explique-nous l'excellent yoga de l'action (karma yoga), grâce auquel on peut vénérer, obtenir les faveurs du Seigneur et atteindre la libération.

140. Avec ta présence, puisse le barde Suta apprendre de toi les mots du Seigneur. Ces mots qui protègent le monde entier et qui contient toutes les vertus.

141. Qu'il apprenne tout ce qui a été dit par Vishnou, le dieu des dieux, apparu sous la forme d'une tortue. Quand ce dieu fut interrogé autrefois par les sages et par Indra (le roi des Dieux), lors du brassement de la mer de lait, qui devait produire le nectar d'immortalité.

142. Après avoir entendu les paroles du sages, le fils de Satyavati (Vyasa), l'esprit concentré, exposa entièrement l'ancien karma yoga éternel, comme il avait été expliqué autrefois.

143. Celui qui étudiera constamment ce dialogue du dieu vêtu d'une peau de tigre (Shiva) et des ascètes ayant à leur tête Sanatkumara, sera libéré de tous ses péchés.

144. Celui qui fera connaître cette discussion à des hommes ayant le cœur pur, qui étudie les Védas et qui sont chastes et ceux qui contempleront le sens de cette discussion, ceux-là atteindront l'état suprême.

145. Et celui qui écoutera ceci constamment avec plein de dévotion, qui sera ferme dans la pratique de ses devoirs religieux sera libéré de tous les péchés, sera glorifié et trouvera la félicité dans le ciel du Dieu Brahma.

146. C'est pourquoi, il faut que les hommes sages et pieux le lisent, l'écoutent et contemplent sa signification avec le plus grand soin, toujours et particulièrement ceux qui sont versés dans les Védas.

Appendice

Les tattvas dans la philosophie Samkhya.

Dans la philosophie Samkhya, le mot « tattva » est utilisé pour parler des différents principes de la réalité. Ils forment la base de toutes nos expériences. Il y en a au total 25. Par le yoga on est amené à comprendre les 24 principes pour libérer le 25ème, c'est-à-dire le vrai Soi, l'âme.

1. La Conscience, le vrai Soi, l'âme (Purusha)

2. La nature primordiale, l'ordre naturel primordial (Prakriti)

3. La première manifestation de Prakriti qui est l'intellect/les formes primaires (Buddhi/Mahat)

4. L'égo, le principe primaire d'individuation (Ahamkara)

5. Le mental (Manas), les sens internes dans le texte

Les 5 sens cognitifs (Jnanendriya)

6. L'ouïe ou la capacité d'entendre (Shrotra)

7. Le sens tactile (Tvak)

8. Le sens de la vue (Cakṣus)

9. Le sens du gout (Jihva)

10. Le sens olfactif (Ghrana)

Les sens d'action (Karmendriya)

11. La faculté de parole (Vac)

12. la faculté de préhension (pani)

13. La faculté de marcher/bouger/se déplacer (pada)

14. La faculté de reproduction (upastha)

15. La faculté d'excrétion/d'évacuation (payu)

Les éléments subtils (Tanmatra)

16. La substance qui possède la potentialité d'être entendue par le sens de l'ouïe (Shabda)

17. La substance qui possède la potentialité d'être ressentie par le sens de toucher (sparsha)

18. La substance qui possède la potentialité d'être vue (rupa)

19. La substance qui possède la potentialité d'être ressentie par son goût (rasa)

20. La substance qui possède la potentialité d'être ressentie par l'odorat (gandha)

Les éléments bruts qui forment notre corps et cerveau
(Pancha bhuta)

21. L'élément Espace ou Éther (akasha)

22. L'élément Air (vayu)

23. L'élément Feu (tejas)

24. L'élément Eau (ap)

25. L'élément Terre (prithivi)

Bibliographie

- Andrew J. Nicholson, *Lord Siva Song, the Isvara Gita*, Dtate University of New York press Albany, 2014
- Bhagawan Nityananda, Ishvara Gita – *Kurmapuran*, Nithya Prakashana, Mumbai
- N. Ramacandra Bhatt, *La religion de Siva*, Edition Agamat, 2000, traduit par Pierre-Silvain Filliozat
- Motilal Banarsidass Publishers, *The Kurma Purana*, Delhi, 1998
- P. E Dumont , *L'Ishvaragita*, , Baltimore, The Johns Hopkins Press, 1933
- Swami Vivekananda, *Les Yogas Pratiques*, Editions Albin Michel, 2005
- The Centenarian Trust, *Shiva Gita*, 1997
- *The complete works of Swami Vivekananda*, Advaita Ashrama, 2018
- www.wisdomlib.org pour la définition de certains termes sanskrit

Du même auteur

Phrase de méditation, où les mots sont un outil vers l'éveil (septembre 2022)

Droit au cœur (2023)

Plus d'info sur
www.meditationarlon.be